做距离孩子最近的妈妈

陪孩子一起上小学

周金萍 著

電子工業出版社
Publishing House of Electronics Industry
北京·BEIJING

图书在版编目（CIP）数据

做距离孩子最近的妈妈 : 陪孩子一起上小学 / 周金萍著. — 北京 : 电子工业出版社, 2019.1
ISBN 978-7-121-35848-7

Ⅰ. ①做… Ⅱ. ①周… Ⅲ. ①小学生–家庭教育–文集 Ⅳ. ①G782-53

中国版本图书馆CIP数据核字（2018）第302317号

策划编辑：刘香玉
责任编辑：王　丹
印　　刷：中国电影出版社印刷厂
装　　订：中国电影出版社印刷厂
出版发行：电子工业出版社
　　　　　北京市海淀区万寿路173信箱　　邮编：100036
开　　本：720×1000　1/16　印张：10.75　字数：172千字
版　　次：2019年1月第1版
印　　次：2019年1月第1次印刷
定　　价：40.00元

凡所购买电子工业出版社图书有缺损问题，请向购买书店调换。若书店售缺，请与本社发行部联系，联系及邮购电话：（010）88254888，88258888。

质量投诉请发邮件至 zlts@phei.com.cn，盗版侵权举报请发邮件至dbqq@phei.com.cn。

本书咨询联系方式：（010）88254161转1826。

让泛滥的小河拥有边际

北京师范大学文学院　李芳瑜教授

在陪伴孩子一路成长的过程中，我们常常会遇到一些令人手足无措的难题。如何教育孩子，引导孩子树立正确的价值观念、去做正确的事情，即便对于那些经验丰富的家长而言，也需要始终关注、不断思考。

在《做距离孩子最近的妈妈》一书中，作者基于对自己孩子的良好教育，以及在生活中不间断地交流沟通，将自己与孩子共同成长的点点滴滴，凝结成文，汇集成章，为家长们提供一些教育孩子的“良方”。

小学是孩子成长的一个重要阶段，虽然在这个阶段，孩子们依然保有认识与探索世界的渴望，但已经不满足于幼儿时期对外部环境那种单纯的感知，他们更希望真正地去理解，并且能够完整地构建起对世界的系统认识。与饱满的求知欲相伴，小学阶段的孩子们在生活中表现出更多的是一种不确定性，他们的行为往往难以把控，像是泛滥的小河，如果不及时加以疏导，就会散漫得不知边际。本书通过三部分内容的撰写：营养篇、实操篇和提升篇，来告诉家长们，这些事情其实并不值得真正担忧，只要我们全身心地参与到孩子的小学生活中，加入他们，陪伴他们一起成长，很多问题在不知不觉中也就迎刃而解了。

作者并没有将一些教育理论生硬地灌注到书中，而是将自己与孩子一路以来的鲜活经历生动地展现出来。从中我们可以看到生活的情趣、成长的快乐，甚至仿佛能从文字中听到孩子欢快的笑声。寓教于乐，教学相长，这一本有趣且有意义的书，一定会让家长们有所感悟、有所受益。

自序
Preface

在婚姻和家庭里，女人请一定爱自己

我怀孕后，就当起了全职太太。后来因为女儿没人帮忙带，不得已又做了全职妈妈。这些年又因为没有正式的工作被婆家人嫌弃、被老公唠叨、被周围的人看不起……

记得女儿刚满一岁时生了一场病，医生让孩子静养一个月，不许出门。恰巧我也感冒了，高烧了一个星期。那段时间老公让婆婆来帮忙，他们也只看孩子，并没有送我去医院，也没让我吃药，说如果我吃药小孩就不能喝母乳了……我在床上躺了一星期，心里很郁闷。

有天晚上孩子睡了之后，我和婆婆在客厅看电视，老公突然回来了。他吼叫着质问我为什么不去睡觉，还在那里占着电视。我很生气，回嘴道："我偏要看电视，躺了一星期躺烦了！"老公就开始骂骂咧咧起来，婆婆把我推向卧室说："你就让让他！他上班挺辛苦的，你又不上班，还不是要靠他养着你们两个！”我委屈地回到卧室，默默地流泪。

结婚前，我已是一个公司的副总，在北京的南二环买了套小一居，自己一个人过得别提多逍遥了。但结婚生了孩子之后，婆婆嫌弃我生的是女孩，不愿意来帮忙带孩子，我不得已才成了全职妈妈，竟然这样被他们看不起。

当了全职妈妈之后，我也没有太多时间打理自己。孩子刚会走路那会儿，我每天穿得随随便便的，也不化妆，一度被小区的保姆阿姨们当成同行。后来我想这可不行，女儿出门我都特意给她打扮，衣服、鞋子、玩具都买好的，而我自己从不注意穿着，难怪别人把我当保姆呢！于是，我给自己添置新衣服、化妆品，每次出门都精心打扮，隔三岔五地去护理头发，尽量把一个精致的漂亮妈妈的形象展现给旁人。渐渐地，家长们都开始喜欢和我聊天，女儿和老公也都很高兴。

看来，在家庭中，女人要舍得投资自己，尽量把光鲜亮丽的一面展现给大家。

还有一次的经历令我感触更深。女儿上小学前的入学面试，我和女儿都穿得大方得体，女儿又能歌善舞，在副校长及面试老师面前表现得非常出色。当时，那位负责面试的副校长就顺口问了一句：“小朋友，你妈妈是做什么工作的呀？”女儿低头思索了一下，说：“我妈妈是看孩子的！”校长用不可思议的眼神扫视了我一下，又笑着问女儿："哦，妈妈是专门看你的吧？""当然了！我妈妈专门看我。"女儿快乐地回答。副校长和老师们面面相觑，而我，当时恨不得找个地缝钻进去。

女儿居然认为我是看孩子的，就是别人眼中的保姆。这时候我才意识到，光是外表打扮得漂亮，心里没有点知识，在社会上起不到作用，还是会被人看不起。于是，我一边做全职妈妈，一边不停地阅读中外名著，甚至把丢了七八年的自考科目捡起来，考完了最后两门，完成了毕业论文，顺利地拿到了北师大的毕业证。

在一次市级的家教征文中，我精心撰写的家教文章居然获得了三等奖。在家人和朋友的劝说下，我开始捡起小时候的文学爱好，在做好全职妈妈的同时，写些育儿心得、学习经验，投给各类教育报，一年竟发表了 30 多篇。

这些年一直看我不顺眼的婆婆居然破天荒地在亲戚面前夸我；老公也觉得颇有面子，对我比前些年客气多了；最高兴的是女儿，她们学校发的报刊上经常会有我的文章，女儿看到后就兴奋地介绍给同学看，还要同学回去一定要介绍给自己的家长看。

现在，老公已经学会自己洗衣服，自己收拾家里的卫生了。女儿的学习也都是自己独立完成，每次她写作业产生懒惰情绪想依赖我时，我都说妈妈有稿子要写，妈妈有工作要干，孩子自己也就把作业完成了，并且主动练琴、主动阅读。他们的这些支持都使我有更多的时间写作，有更多的时间自我提高。

在婚姻和家庭里，女人要不断地进步，不断地突破自己，让别人时刻看到一个上进的、努力的妈妈，而不是一个自我放弃的黄脸婆。

几年前刚开始使用微信时，我都不敢用自己的真名，也不敢用自己的头像，我当时只是别人口中的"瑶瑶妈"。后来，我意识到：我要成为我自己，我不附属于孩子，也不附属于老公，我要勇敢地做我自己。于是，我把微信名换成了自己的名字，甚至在后来发表文章时，我也很少用笔名，一直用自己的真名发表，我就是要做我自己！我的微信头像也从开始的女儿专属头像，慢慢地换成我和女儿的合影，后来给女儿申请了她的专有微信后，我的微信头像就变成了我靓丽的单人照。我还会定期更换自己的微信头像，也大大方方地把自己的照片发在朋友圈里。

在婚姻和家庭里，女人应该先敢于做自己、爱自己。你只有爱自己，使自己变得更出色，才能更骄傲地站在孩子和家人面前，也才能让周围的人都认同你，更加爱你、敬你！

目录
Contents

◎营养篇：做好孩子这道算术题

孩子是透明而真诚的，他们流露出的当下状态，就是被这个世界对待的总和。而父母在孩子进入小学后，需要不时去算一算这道算术题，让这个总和永远保持正向。

◎实操篇：学习可以很轻松，成长应该更快乐

经常有家长为陪孩子学习而抓狂,究其原因,还是因为不得其法。学习本是成长期的孩子的天性,完全可以变成一件轻轻松松的事情,然而,很多家长却南辕北辙,在陪伴孩子学习的岔路上越走越远……

◎提升篇：旅行＋阅读，赛过培训班

带着书去旅行，在旅行中，孩子的各种能力依然可以有效提高。问路、点早餐都是孩子们去办，坐车、吃快餐他们付账，买东西他们砍价，逛书店他们自己挑书。自己打理自己的衣物、自己洗头洗澡、自己决定每天的零花钱买什么东西。孩子们的独立能力得到了锻炼，处事能力和交流能力也提升了不少。

营养篇

做好孩子这道算术题

孩子是透明而真诚的，他们流露出的当下状态，就是被这个世界对待的总和。而父母在孩子进入小学后，需要不时去算一算这道算术题，让这个总和永远保持正向。

孩子真正需要的家庭“教练”

母亲在家庭教育中的影响

你的教育行为是在帮孩子还是在毁孩子？这是每一位母亲应该深思的问题。

我曾带孩子去过山东曲阜，在那里瞻仰了“三孔”——孔府、孔庙、孔林。走完这一圈，我对圣人孔子的一生有了新的认识，其中最引人深思的是：我国伟大的思想家、教育家、儒家学派的创始人孔子，虽然他三岁时父亲就去世了，但他却能因材施教，设立了“文、行、忠、信”四种科目，又设立了“格物、致知、诚意、正心、修身、齐家、治国、平天下”八个为学、立身、处世的大宗旨，并具体教授“礼、乐、射、御、书、数”以达到“智、仁、勇”三德，这样一位“弟子三千，贤弟子七十二人”的“万世师表”的启蒙老师却是他的母亲。

曾经读“孟母三迁”、“孟母断织”的故事，我就知道孟子的母亲是一位有教育思想的母亲；以前也看过历史，我就知道孝庄皇后是位了不起的女性，她一生辅佐了三代明君……由此可见，母亲的教育在孩子的一生中是何等重要。

我身边有许多全职好妈妈，她们为了全心全意教育孩子、照顾家庭，放弃了原本体面的工作。然而，也有一些妈妈，她们不是太自私就是太自负，她们加诸孩子身上的教育限制了孩子的发展。

女儿是一年级下半学期进入学校民乐团琵琶小组的，当时其他小组如扬琴、笛子等乐器比较容易上手，学校一有活动就让他们参加，而琵琶小组却一直没有机会。我们这群妈妈既没有抱怨也没有放弃，仍然每周准时去学校陪孩子学琵琶。这样坚持了一年半，到三年级上学期，在中国戏曲学院的“高参小汇报演出”中，琵琶小组不仅参加了琵琶齐奏，还全部参加了民乐团的大合奏，这是全校唯一一个全员上台的声部。

笛子声部一位小朋友的妈妈是家委会成员，在学校有点“小权势”，以前每次都能给孩子争取到上台表演的机会，渐渐地孩子就疏于苦练笛子，结果这次演奏他没有得到机会。她是“自负妈妈”的代表。她觉得自己能给孩子弄到机会，所以没有要求孩子苦练，让孩子从小就学会了“不劳而获”。

还有一位小朋友，她在扬琴声部，以前学校也曾给过她机会上台演奏，这次扬琴声部是“七选六”，她居然没选上。我向孩子的奶奶打听，老人说：“孩子她妈不愿去学校陪孩子上课了，孩子跟不上，学校来电话提醒过我们。以前都是她妈陪着上扬琴课，不知道她妈这学期怎么了，一次没去过。现在孩子摸都不摸扬琴了。”

后来我和那位小朋友的妈妈聊起这事，她妈妈说：“我每天上班回来累得要死，哪有工夫管她呀！北京的小孩不学那些将来也不愁找不到工作。”听到她这么说，我竟无言以对。她是“自私妈妈”的代表。这类妈妈仗着孩子有“京户”、仗着高考有“照顾”，把孩子生下来就扔给老人，自己做“甩手掌柜”。结果孩子从小就知道了：我不需要太努力、不需要学那么多的东西。

我替那些孩子感到悲哀，他们虽然出生在首都，出生或许带有某些优势，但是，他们碰到了或者“自负”或者“自私”的母亲，这种优势又能陪他们走多远呢？

母亲，在家庭教育中责任重大，希望所有的母亲都明白这一点：孩子的路是自己走出来的，做母亲的得当好孩子的第一任老师，以身作则。过分地护犊子、过于自负、太过散养、过分的苛责，都是不正当教育。

母亲在家庭教育方面比父亲责任更重大，因为孩子从心底里要更依赖母亲一些。母亲们应经常反思育儿方面的得失，不时地反思自己的行为，看看是否做到了真正的言传身教。

孩子需要的家庭“教练”

有一年，我们一家三口看了印度电影《摔跤吧！爸爸》。当时觉得挺感人又挺振奋人心的，我们和女儿都流了好几回眼泪。后来再仔细想想，我觉得这部电影除了感人之外，令我们家长深思的地方还有很多。

如果想要孩子成为某一领域的佼佼者，家里必须有一位教练爸爸或教练妈妈。那么，父母怎样才能成为合格的家庭“教练”呢？

首先，家庭“教练”得有大爱的理想，要么为人类，要么为国家。父母如果只想着靠训练出好孩子来体现自己的价值，那么这种家庭“教练”就毫无可取之处。比如，要让孩子成为作家，父母得引导他成为具有独特思想的人，以人间大爱、世界和平、保护地球，或者以呼唤人们心灵之美、之善等有益于人类发展为写作方向，呼吁大家共同为人类的长久安宁、幸福而写作。当孩子觉得自己的理想是有意义的、自己的努力是有意义的，他才会心甘情愿地去付出。

其次，家庭“教练”要有永不放弃的信念。什么时候都不放弃理想，不放弃努力，主要是不放弃孩子。对孩子不存偏见，对世俗的社会观念敢于去打破。电影里的印度是个男尊女卑的社会，那位爸爸却敢于挑战世俗、敢于挑战不可能。他平时严格要求孩子，想通过自己的残酷训练为女儿们争取到在社会上立足的资本。这明显强过那些视女孩如无物，刚会走路就让她们干家务，到十四五岁时为了省家中的口粮随随便便把女儿嫁掉的父亲。

家庭“教练”在孩子没有成功之时，要一如既往地鼓励、安慰孩子，使之成为信心十足的阳光选手。

另外，家庭“教练”要有稳、准、狠的心力。“稳”是指家庭“教练”要耐心地帮孩子打好基础，不急于求成，允许孩子失败，也不想着一举成名，要知道“梅花香自苦寒来”，要懂得“十年树木，百年树人”。“准”是指家庭“教练”对自己孩子的优势、劣势要了然于胸，这样训练时才会有的放矢。“狠”是指家庭教练要狠得下心让孩子吃苦。

最后，家庭“教练”要有眼光、不盲目。电影里的爸爸是在女儿们都十一二岁后，一个偶然的机会发现了她们的优势，才开始训练的。这一点不像我们中国的有些家长，他们几乎从幼儿园起就让孩子学这个、学那个。有一次，我看见一个两三岁的孩子满脸睡意地被父母从车上拽下来，塞进一个不知所谓的培训班，我心痛了很久。

现在的孩子都很忙，不是报了文化课培训班，就是报了才艺班。他们忙得没时间玩、没时间交际、没时间思考，更没时间去创新。

中国的家庭，如果每家都有一位好的家庭“教练”，那么每个孩子都可能成为某一领域的佼佼者。但是，现在的家长要么想当孩子的老师，要么想当孩子的陪练，要么想当孩子的保姆……没有多少是想当家庭“教练”的。

有父母陪伴的孩子性格好

一直以来我都在思考：客居是否对孩子的影响很大？在我的毕业论文中，我分析了《红楼梦》中的几位客居女孩的成长过程以及她们性格的形成原因。

于是，我发现：孩子住在哪里并不重要，比起客居身份，父母在不在身边对他们的影响更大。

在《红楼梦》里，林黛玉是父母双亡寄居在贾家的，而薛宝钗是有母有兄借住在贾家的，只有邢岫烟是随父母一起客居在贾府的。这三个女孩都很有才气、很优秀，但论性格，恐怕还是邢岫烟最好。邢岫烟对贾宝玉不卑不亢，还指点贾宝玉怎样回复妙玉的帖子；她性格温和，能与最难相处的妙玉成为知己；面对宝钗的刻意拉拢，她泰然处之；最可贵的是，连嚣张跋扈的王熙凤都对她另眼相看。

一个孩子无论多么优秀，影响他幸福指数的还是性格的好坏。一个家庭，无论是寒门还是望族，看他们是否幸福的一个标准是：一家人是否在一起生活。一直有父母陪伴、教育的孩子，比父母整天忙于工作给他留下金山银山的孩子都幸福得多。

我老家的两门亲戚，一家夫妻俩都在北京打工，把小小年纪的孩子寄养在亲戚家，只有到了寒暑假，孩子才会被父母接到北京同住一段时间。小女孩一直很乖，学习也不错，到了青春叛逆期，她妈妈也回去陪过她半年。后来，这个姑娘考上了大学就开始不听父母的话，偷偷在大学谈恋爱，自作主张把自己早早嫁得远远的。一连几个春节都见不到女儿，这对夫妻整天愁眉苦脸的，年过五十的他们为了给女儿资助，依旧出去打工。“我们后悔当初没把女儿带在身边，哪怕是让妈妈回农村去带她也行啊！我们错过了孩子的黄金依赖期，只能用下半辈子去弥补了！”夫妻俩常常跟我诉苦。

另一对夫妻也非常恩爱，在农村做点小生意。中途，父亲也想去县城做点生意，但他担心儿子离开父亲后会不好管教，就一直守着孩子、守着家，直到儿子大学毕业。几年前，父亲查出长了肿瘤，于是四处求医，儿子也不时陪伴、鼓励爸爸，后来他们在北京找到了治疗办法，父亲终于战胜了病魔。谁知后来孩子也查出长了肿瘤，他女朋友也因此吵着要分手。但他们一家人齐心、坚强、乐观，最终孩子也治好了肿瘤，他们家又一次战胜了病魔。如今，一家人其乐融融地生活在一起。“我们当年做的最正确的事就是没有抛下儿子去县城做生意，没有在儿子读书期间离开他！”父亲自豪地逢人就说。

从这两家的情况看，不管是男孩还是女孩，不管是贫穷还是富裕，孩子在成长依赖期是不能少了父母的陪伴、教育的。

孩子住在哪里不重要，重要的是在他们成长的过程中，是否一直都有父母的心、父母的爱、父母的身影相随。

父母在哪里，家就在哪里。愿我们都能守护着自己的孩子长大！愿留守儿童少一些，再少一些！

不做“追分族”

每年高考成绩出来后，网络上、报纸上关于高考状元的各种信息都会扑面而来，令家长羡慕嫉妒恨，令学生恐惧、担忧和烦恼。许多家长望子成龙、望女成凤，他们也想孩子将来做个状元，好“光宗耀祖”。于是，孩子们的处境更加艰难，尤其是高中生。

但是，高考状元能有几人呢？就像一场马拉松比赛下来，冠军只有一人，大多数人只能算是陪跑。但不能因为只是陪跑，我们就否认参与的价值，也许，陪跑者在其他方面更为出色呢！

孩子是一个独立的个体，又是一个完整的人，我们要培养孩子的综合能力。所以，我们不能只盯着孩子一时的成绩不放。

我以前也做过“追分族”。从女儿上一年级，我就向孩子要“考分”：数学、语文不能低于 95 分，英语不能低于 100 分。每次孩子考完试，我都会迫不及待地去看分数，永远都不满足于当时的成绩。孩子考了 93 分，我会要 95 分；考了 97 分，我想要 100 分。我从来没有满足过，也从未想过这些分数是否已是她尽全力取得的……

渐渐地，我和孩子都患上了“考试综合征”：既期待每一次考试，又害怕每一次考试，甚至憎恨每一次考试；既想要高分，又不想去研究怎样扎扎实实地掌握基础知识。

经过一年多的挣扎，我终于切身体会到了盲目追求高分的各种弊端。后来我研究发现，语文的排序题跟思维习惯、写作习惯有关，阅读理解跟阅读经历、阅读深度有关，其他题型跟阅读广度有关。我不再要求女儿考满分，也不让她考前过多复习和做练习题，只要求她每天尽量多阅读。

我不希望孩子只是个高分孩子，而是需要她从小保持学习的热情、生活的激情以及对未知世界的探索欲望。后来，女儿除了完成学校布置的作业，多余的时间都用来学习音乐、美术、手工和做运动，偶尔做家务。再后来，女儿拿到了英皇乐理五级证书，钢琴弹到了英皇八级，琵琶弹到了九级，书法和画画比赛偶尔也会拿奖回来，作文亦发表了八九篇，芭蕾舞跳了四年有时都能当领队了。

人生的“高考”不止一次：小升初、中升高、高升大、大升研、研升博、找工作、结婚生子……哪一次的上升不是“高考”？哪一次不需要孩子、家长全力以赴？但是，这些升迁你不能保证孩子每次都是“状元”啊！何必要去向往、膜拜高考状元，让孩子长成独特的自己就好了。

高考，既非起点，亦非终点。你不会因为一次考得好，从此就一路无忧；也不会因为一次考得差，此生就暗无天日。不做“追分族”家长，以平和之心待之方为上策。

适时放手和等待

我原本是一个把孩子照顾得事无巨细的妈妈，后来，在大学任教的哥哥提醒我要学会放手与等待，要肯定孩子的能力，相信孩子的努力，充分信任孩子的自我成长。

记得女儿刚上一年级时，老师说她像个“刺猬”，别人碰她一下，她会“睚眦必报”，一点不能“吃亏”。那时我是家委会成员，经常去学校协助老师做点小事，女儿可能觉得有点“优势”，就行事霸道起来，和同学相处得也不太和谐，一点都不懂谦让。我去学校帮忙越多，越显出我是个“好妈妈”，而女儿却成了众人排挤的对象。

后来，在哥哥的劝说下，我毅然辞去家委会的工作，把孩子推到同学、老师面前，让她独自适应新环境。女儿在那样的环境中貌似“吃亏”，实际上这种逆境却充分磨炼了她的意志，培养了她的情商，令她迅速自我成长了。后来再见到孩子的班主任时，她着重指出了女儿在日常处事方面的进步：平和多了，懂得了谦让和忍耐，还特别喜欢帮助同学。

幸亏我及时地放手，等待的过程虽然艰辛难熬，但确见成效。

女儿自小学钢琴，我一直都是听众兼陪练：上课时我在旁边听，练习时我在旁边盯，我们经常因为是否弹错音而争吵。学钢琴弄得我们身心疲惫。直到我们遇到了现在的钢琴老师，她劝我说：“您放手吧，孩子自己能行！”好吧，上课我不旁听了，练琴时我没了指导资格，只能闭嘴，我们不争吵了，孩子也爱练了。过了一段时间，女儿练琴也不叫我过去了。一年后，女儿从不到四级的水平练到了六级。

等待的过程虽然如坐针毡，却是行之有效的方法。

二年级寒假的时候，女儿学了英语的自然拼读，我还是一如既往地在她读英语时横加指责，孩子气哭了，爸爸也急了，于是我们三人争得面红耳赤。后来与一位在大学教英语的朋友交流，她劝我们:“孩子既然已经学了自然拼读，你们就应该放手，要相信她，不要再教她了。”在这之后，女儿学英语时我们都不干涉了。孩子没有了心理负担反而更愿意学，现在她在各种英语考试中的成绩基本都是满分。

在孩子的学习上放手，孩子会更自觉、更自信。父母适时地放手和等待，能使孩子更快更好地成长、成才。

和孩子做战友

家长应该和自己的孩子站在同一战线上，无论是学习还是生活，家长都应让孩子确信我们会永远支持他。

女儿三年级第二学期时，有一天放学后跟我说，班干部罚她大中午在操场上跑圈儿。要知道，那时中午的气温差不多有30摄氏度。

看着孩子满脸疲惫，似乎热着了，我很心疼，小心地询问她当时的情况。

“就是中午吃完饭排队上厕所的时候，我早上带的桃子被同学看见了，她告诉了班干部。班干部让我把桃子交出来，我没交。我跟他说我又没吃，为什么要交啊？放学了再吃不行吗？”女儿委屈地跟我说明了情况。

“但是，班干部非要罚我去操场跑圈，而且就我一个人去……”女儿说着哭了起来。“你们老师呢，你怎么不告诉班主任？班干部这样私自罚同学是不对的，哪能随便体罚同学啊？以后遇到这种情况你不要听，不要盲目执行，老师要说你，你让她找我，说妈妈让你不要接受的！”我十分生气、也十分心疼孩子。

回到家，我忍不住给班主任发了信息，详细说明了情况。桃子是我让孩子带的，因为天气炎热，女儿下了课要去民乐团排练，得五点多才完，一个水果可以补充水分又可以充饥。我在微信里提出希望以后班干部不要随便体罚同学的建议，他们自己还是孩子，没轻没重的，一方面把握不好度，容易伤了其他孩子，另一方面这样乱罚会影响同学之间的友谊。

那天的微信我写得很长，分几段发给了老师。她当时回复不知道这件事，第二天会详查的。后来我听说老师把班干部批评了一通，取消了他们的一些特权。

事后，女儿回来有点生气，说同学怪她告状了。我分析给她听："你表面是挨说了，但你干了一件好事，以后那些班干部就不敢随便欺负你的那些弱小的伙伴了，这不是很好、很值得吗？妈妈是你忠实的战友，当然得为你以后着想了，要是不勇敢一点，一直忍着，这种坏风气不是没法制止吗？你在学校上学也没有保障，我时时刻刻都得担心你会不会挨罚。"女儿最终也释然了。

女儿每次单元考后都很郁闷，也非常害怕单元考。我也一直琢磨他们老师为什么觉得课时不够用，考试却要占十多个课时，讲卷子要占十多个课时，据说老师还经常因为学生们考得不好，一生气就唠叨一节课。考试不能增长智慧，频繁的考试反而削减了孩子们更好利用这些时间的可能。

关于频繁考试的事，我不能发牢骚，只能安慰孩子。但作为孩子的战友，我得想办法帮孩子解决这个困难，于是，一有机会跟班主任聊天，我就顺便提提这事，后来老师也没有像以前那么热衷于考试了，考完试也不再排名或公布孩子们的成绩。这样一来，大家都淡化了考试，女儿也不再频繁抱怨了。

孩子是我们一生都要相伴的人，我们家长可以把他们当成朋友，也可以一直做孩子的坚强战友。无论他们有什么困难，我们一定要先站在他们的角度去理解，然后找相关人员了解情况、找出解决方案，一定要用最好的方法保护战友，让他们少吃亏、少受罪。

要做就做“马爸”

女儿经常说：“爸爸是属龙的，但我觉得他更像一匹马！”

爸爸有时候是温柔的“马爸”。女儿生病的时候，他会坐在旁边，拉着她的手轻声细语地安慰。

爸爸有时候是胆小如鼠的“马爸”。去草原，他不敢骑马，说怕马受惊；去雪场，他不敢滑雪，说怕摔跟头。女儿每年滑雪，他都是陪着她奔跑在雪道上，帮她把滑板送到雪道顶上，女儿滑下去时，他就在后面跟着跑下去……

爸爸有时候是个滑头的“马爸”。有一次，女儿因不想练钢琴而找碴儿大哭起来，一边哭一边听着外面的动静，希望爸爸来帮她。女儿哭了十多分钟，爸爸才出现。他先是装作无奈地看了孩子一眼，然后说：“闺女，弹钢琴这事得听妈妈的，我没办法，你还是好好弹吧……”说完，他就溜了。女儿只好乖乖地弹琴。

爸爸有时候是很能干的“马爸”。他养金鱼、种花，还会做很多好吃的菜。女儿两岁多的时候，爸爸给她买了只小兔子，取名“小白”。爸爸对小白很好，经常和她拎着兔笼子去小区遛兔子。到了草坪上，他会把小白放出来，让小白自由活动；如果有小朋友想喂小白，爸爸会挺高兴地教他们。

爸爸有时候是喜欢自由驰骋的“马爸”。一有机会，他就会开车带着我们到处跑。有一年春节，我们出去游玩了 19 天，行驶了 4560

多公里。

马爸经常说：“我 32 岁才有了宝贝女儿，我想让她一生都快乐幸福。”

马爸还说：“其实带着女儿一起旅游、一起运动、一起玩耍的时候，我自己也在经历小时候没有遇到过的趣事。”

现在，父亲们参与教育的意识越来越强了。在我身边就有爸爸接送孩子的，不管孩子参加什么活动，这些爸爸们也都愿意陪着，他们还会关心别的孩子、帮助别的爸爸妈妈 。

有的爸爸甚至别出心裁地培养孩子的独立性：五岁就让孩子一个人去超市买东西，自己远远地跟着；上小学也只在开学第一天带着孩子走一圈，教孩子怎么坐车，然后每天让孩子一个人去上学，不放心的时候也只是远远地跟在后面。

越来越多的“马爸”只陪伴不干涉，成为孩子幸福成长的原动力。

妈妈也要不断加油

算一算，我已经当了快十年的全职妈妈了，内心最真实的感受是：全职妈妈不好当。

全职妈妈不是买买菜、做做饭，嗑着瓜子、追着电视剧，就能做好的工作。

全职妈妈得有独当一面的能力。起码得会开车，要不然孩子生个病，有个什么活动的话，请爸爸帮忙又得耽误他。所以，妈妈必须要练好车技，为关键时刻能孤身一人带着娃拼杀在路上做好准备。

有一次，我刚把女儿送到学校上了两节课，班主任就打电话通知我把孩子接回家，说在学校上操跑步时被同学撞倒磕伤了膝盖。那天我的车限行，只好打车接孩子回家，当天在家歇了半天。

第二天，我看女儿的膝盖肿得厉害，就开车带她去了医院。结果车只能放在地下停车场，我只好背女儿上一楼的急诊厅。那时候女儿 56 斤，我把她放一边又不放心，只能背着她挂号、缴费、拍片、拿药……折腾了足足大半天，最后累得自己差点摔倒。

还有一次，女儿感染了病毒，考前一直发高烧，吃了药又恶心想吐。那时候老师们都在带学生紧张复习，我只能趁女儿迷迷糊糊睡着了的空去学校拿复习资料。老师没有一次性把资料全部给我，我只能等看到班级通知后去找她，一趟趟、一天天，日子难熬得很……

全职妈妈得有“说走就走”带娃旅行的魄力。手机上得常备高德地图、携程、滴滴、美团、支付宝等。爸爸如果有时间也会陪着去，但妈妈得做好一切攻略，爸爸一般只负责拿行李。多数情况下，都是妈妈自己找伴儿出去旅行，不管国内还是国外，妈妈们都不敢有半点懈怠，得让孩子玩高兴了才行。

有一次，我带着女儿和另一对母女去爬泰山，订的是泰山顶上的酒店，上山时还下起了雨，我们两个妈妈背着大包行李，在雨中被两个孩子不停地催着往上爬，其中的辛苦可想而知。

全职妈妈得有与时俱进的厨艺。有一段时间流行自己烤蛋糕，女儿知道了就催着我去她同学家学。学了一天，我终于学会了烤蛋糕。后来女儿又要我学烤蛋挞，还有包饺子、包馄饨、擀面条。为了满足女儿那多变的胃，我这个并不擅长做饭的人，被逼着一点一点地学到现在。

全职妈妈得有能征服熊孩子的体力。有一次学校运动会，女儿给我报了一分钟亲子跳绳，我都几十年没跳了，根本坚持不了一分钟，苦练了两周，结果还是拖了孩子的后腿。事后，女儿严肃地跟我说："妈妈，您真的需要锻炼了！我们以后天天练跳绳，争取明年得个好成绩。"接下来的日子里，我慢慢进步了，最后能连续跳 170 多个。

全职妈妈还得耐得住寂寞、受得住白眼。每次我送完孩子拎着两大兜子菜回家，碰到打扮得光鲜亮丽的邻居兴高采烈地去上班，别提多羡慕了。看着她们渐行渐远的背影，我无数次在心里呐喊："我要上班!"等她们在我的视线中完全消失后，我也只能匆匆地、无可奈何地往家走，一边走一边想着也许再忍耐几年我就能上班了。有时，我甚至觉得自己的脑门上刻着"全职妈妈"四个字，人们都在用白眼看我；有时，我懊悔自己提前过上了二十年后的生活；有时，我会非常害怕周围的人嘲笑我无能……

全职妈妈不好当，得审时度势，心里有谱：培养孩子的自学能力，不用上培训班；及时放手让孩子学会自理，让他们做家务、洗衣、刷碗；多陪孩子运动，提高免疫力、少生病，减少独自带孩子上医院的尴尬。

然而，在陪女儿一起阅读的过程中，我也提高了自己。我每年能读二十多本小说，抽空完成了以前没完成的学业，成功地提交了毕业论文；我总结了一些育儿经，每天开心地做着码字的工作。

我还陪孩子一起学滑雪、养蚕、摄影、学书法、学英语……我做这些，为的是追上孩子成长的脚步，为的是将来能适时地、得体地退出“全职妈妈”这个位置。

隔辈教育到底好不好

如今，有许多留守儿童随爷爷奶奶一起生活，即使是城里的孩子，也有很多因为父母都上班，而由老人一手带大。有的家长抱怨老人太宠爱孩子，太惯着孩子，认为一定不能进行隔辈教育。然而，我却不这样认为。

我就是奶奶带大的，奶奶的教育像清澈的溪流一样，心怀高远、脚踏实地。如今，奶奶虽然已经离开我十几年了，但她那善良、朴实、真诚的教育却一直陪伴着我。

奶奶虽然出生在旧社会，自己也没什么文化，但她的父亲是“辛亥革命”失败后第一批被反动派杀害的烈士。奶奶一直记挂着她的父亲，敬佩着她的父亲，总是把他的光荣事迹讲给我听。从很小的时候起，奶奶就教育我要做一个正直的人，做一个对社会进步有积极意义、有贡献的人。

奶奶对我的教育有时是无声的陪伴。不管春夏秋冬，只要我在写作业，奶奶都会陪在我身边。夏天，她拿把大蒲扇给我赶蚊子；冬天，她把炉火给我烧得旺旺的。每次放学回家，奶奶看见我的第一句话就是：“金萍，今天有多少字要写啊？”直到我都上初中了，她还问同样的问题。我好笑地说：“奶奶，初中不写生字了，我们小学早学完了。”奶奶听后，不好意思地笑了。

小时候，父母忙于耕作，多亏了奶奶一直陪伴我、教育我。每当遇到不会做的数学题，我都会摆好几个凳子作为题中的物体，围着这几个物体转半天，想推敲出题意。奶奶不解地问：“丫头，你这是在做什么作业呢？”我欢快地回答：“您别管了，马上就想出来了。”这时，奶奶则会憨憨地一笑。那时候我觉得做作业好幸福，一直有奶奶陪在身边。奶奶无声的陪伴教育让我的童年、少年时代的学习一点都不孤独、不焦虑、不恐惧。

上初一的时候，有一次学校组织去长沙春游，爸妈不让我去，嫌需要交的钱太多，可我真的很想去。奶奶建议我拿出自己的压岁钱，但攒十多年的压岁钱全都得花掉我又有点不舍得。奶奶说："我再给你赞助点，你想去就去吧！机会多好啊，别学我一辈子没出过远门。"

果然，那次长沙春游成了我中学时代唯一的一次春游。那次，我们参观了毛泽东故居、滴水洞、烈士公园、雷锋纪念馆，还爬了岳麓山。从长沙归来，我的视野一下开阔了，思维也活跃了。一个农村老太太如此豁达且有魄力的鼓励教育，在那个穷苦年代是罕见的。后来，我第一次独自勇闯北京的胆大心细，应该就是源于那次长沙之行，源于奶奶对我的鼓励教育。

奶奶去世已经很多年了，但我至今还记得她的勤劳、善良、果敢，记得她对我的正面的、无声的、鼓励的、陪伴的教育方式，记得她对我深深的爱。

因此，我不认为隔辈教育不好，只要老人们不娇惯、不盲宠孩子，哪怕是目不识丁也能教育出好孩子。

穷养和富养没有绝对界限

经常有人说女孩子要富养，而他们所谓的"富养"无非就是给孩子买名牌衣服，报很多的才艺班，遇到孩子想要的东西不管多贵、不管有没有用，都马上满足她们的要求。

殊不知，这样的富养，极有可能会滋长孩子的虚荣心、纵容孩子的占有欲。

有一次正是换季的时候，女儿的一个姐姐家给我们送来两双旧鞋子、几件穿过的外套和裤子，我都欣然接受，并且表示感激。之前，这个姐姐还给过女儿几条裙子和一件披风，孩子也非常喜欢，天天盼着夏天快点到来，她好穿这些衣服。

女儿刚上一年级时，她同学的妈妈非要把一双时尚的公主鞋送给女儿，因为那个同学的脚长得太快，鞋子只穿了一次就小了。我忐忑不安地把鞋子拿回家，没想到女儿非常喜欢，一有什么外出活动就穿上它。

女儿二年级时突然要参加一个活动，得穿黑皮鞋，我把原来那双拿出来一看，小了，去买又来不及了，就在小区微信群里问了一声，很快便借到了邻居妮妮家的黑皮鞋。参加完活动，我约时间去还鞋，妮妮妈妈说："妮妮穿着小了，如果瑶瑶穿着合适就留着吧。也不知道你们愿不愿意捡鞋子穿。""我们不富养，也捡过别人的鞋子，哈哈哈……"我爽朗地笑着回答。这双黑皮鞋女儿整整穿了一年。后来去妮妮家玩，她们又给了女儿一双运动鞋；邻居悦悦家给了女儿一双舞蹈鞋……这些都是女儿自愿接受的，所以她也非常喜欢穿。

自从捡了这些旧衣服穿之后，女儿明白了东西是可以分享的：

自己的衣服小了，她就大大方方地拿出来送给小表妹；自己不看了的书，她也愿意寄给陌生的小朋友；我组织给山区留守儿童寄书和文具时，女儿会很主动地去发动同学参加，还把同学捐的东西自己背回家。

女儿从四岁半起学钢琴，那时候钢琴课一周上一次，一次 120 元；上到小学一年级时钢琴课是 200 元一次；到后来孩子四五年级练到钢琴八级了，一次课是 350 元。对于我们这样一个普通的家庭来说，这笔费用无疑非常庞大，中途我也曾经动摇过，心想：我们不是钢琴世家，也没有背景，女儿不可能走音乐专业。但那时我又想：如果坚持下去，女儿长大了以后也算会一门乐器。

女儿二年级时进了中央芭蕾舞团学习，刚开始她坚持得很好，有时候感冒了也去跳。有一次参加公开课，我才知道课程中的好多动作都是躺在地上完成的，难怪有时候跳完芭蕾舞孩子的感冒会加重呢。后来只要生病，我就不让女儿去跳了，孩子每次都担心地说："妈妈，芭蕾舞一节课 120 元，不去不就白浪费这么多钱了吗?"

"没事的，宝贝，先养好身体再去跳，不要去想钱的事，就当你今天去跳了。"我开玩笑地说，心里很欣慰孩子的懂事。

在孩子提出游玩或购物要求后，我从不马上去满足她的愿望，怕她只是一时兴起。经过一段时间后，如果女儿还坚持她的想法，我才会尽力满足她，所以女儿的占有欲一直不强，但她也不会没自信，因为她知道妈妈迟早会满足她的。

家长如果一味地追求物质上的富养，那不是真正的富养孩子。富养孩子的心灵才是真的富养。穷养和富养之间没有绝对的界限，最好的方法是：富养心、穷养身。

孩子开窍，早晚的事

“妈妈，张老师今天表扬了我好多次，她还让我到前面领队呢！全体同学都给我鼓掌，一共四次呢……”刚下芭蕾舞课的女儿欢快地对我说，满脸洋溢着兴奋与自豪。

“是啊，是啊！阿姨，我都为宇瑶感到高兴，老师表扬她，我心里也特别开心。”一起学芭蕾舞的好朋友菲菲凑过来对我说。

“对啊，对啊！宇瑶，你真棒……”其他小朋友也都围过来跟女儿拉手。

“是吗？谢谢你们！以后我们共同努力，再也不说想放弃的话，好吗？”我颇有感触地说。

“好啊！”女儿和小伙伴们齐声回答。

女儿去换衣服的时候，张老师走过来，热情地对我说：“宇瑶最近进步很大，表现很不错。”这位芭蕾舞老师两年来第一次在我面前表扬女儿。

“是吗？她在家也不怎么练，真奇怪。”我疑惑地问。

“开窍了呗！以前我跟她说什么她都听不懂，现在教什么她都一听就懂，哪儿哪儿都对！”张老师笑着对我说。刹那间，所有家长都对我投来羡慕的目光……

孩子开窍了，这件事来得太突然了。女儿学芭蕾舞一直是心不甘、情不愿的，她一直嚷嚷着要退出这个班。我知道她们班数她年龄最小，好多小姐姐都上过好几年了；也知道女儿骨骼不算软，练基本功费劲。

有一次芭蕾舞班续费时，女儿又反对，我劝她说：“菲菲也早想退了，但她打算再坚持坚持。你也再试一学期，如果到时候还不喜欢就退，但这学期学费涨了，你不能缺课，不能像以前一样，不想去就不去。”女儿好像吃了定心丸，抵触情绪慢慢减少了。

说到开窍，女儿三年级下学期时数学考试连续考 98、99，甚至满分，我一直在纳闷：这是怎么回事呢？女儿语文、英语成绩都很好，但是，一直到三年级上学期，她的数学成绩都不稳定。学得好的单元勉强能上 90，理解不透的单元只能得七八十分。

后来有人告诉我，孩子之所以数学学成这样，有可能是因为不能把数学生活化，不理解。于是，后来再出去旅行，我就让女儿记账，快到服务区了就让她计算时间，让她自己在服务区买东西、结账；家里缺个门厅柜，我就带着她一起测量、画草图，让她根据需要设计每格的尺寸；我还让她去参加小区跳蚤市场活动，自己给东西定价，自行处理邻居们的“讨价还价”……

经过半年多的摸索，女儿的数学也开窍了。

“量”的积累导致“质”的变化，在一次次练习、一次次坚持中，孩子积蓄了足够的能量，所以有了质的飞跃。孩子开窍，看似偶然，其实这是我们一直以来努力和坚持的必然结果。

每个孩子都有开窍的时候，每个孩子都有闪光的一面，家长要做的就是充满信心、耐心陪伴、静静等候。

让孩子有一颗感恩的心

关于感恩教育我曾经思考良久，也和其他家长激烈地讨论过。感恩教育需不需要关注？感恩教育谁来教育？感恩教育怎样教育？

俗话说“滴水之恩，当涌泉相报”，说起来简单的一句话，有多少人真正做到了？又有多少人把这种感恩的理念教给了下一代？为什么会有八十多岁的老人被儿女扔在异国他乡机场这类事件发生？反思一下，这都是因为我们做父母的“感恩教育”做得不好。

感恩教育是对孩子的一种品质教育，是一种家教修为，最好的教育者是父母。

感恩教育对外表现为：感激、感谢帮助过和教育过孩子的人。

当女儿因为受到老师的批评而抱怨时，我会对她说："老师想让你进步，才给你指出错误和缺点的。如果他不说你了，说明他放弃你了，我们得感谢老师！"我经常这样念叨每一位批评过女儿的老师的"好"，渐渐地，女儿开始感激每一位曾经教过她的老师：钢琴老师、书法老师、琵琶老师……我们经常聊起他们，回忆跟他们一起度过的美好时光，女儿都会记得并崇拜他们。

感恩教育对家人表现为：让孩子懂得照顾老人、孝顺父母。每次孩子取得进步，我都会说："多亏你有个好爸爸。"女儿会说："嗯！我知道，爸爸很辛苦，对我却很大方，什么都愿意让我尝试。"我会接着说："你爸爸还超爱你哟！还有你奶奶、外公、外婆，他们都很爱你。"我们一有假期就会带女儿回老家看望老人，女儿对老人也表现得很孝顺，非常愿意陪他们聊天，还主动唱京剧给他们听。

感恩教育需要父母随时做好表率。每次在小区地下车库碰到停车场的师傅，我都会热情地跟他们打招呼，因为他们三人"两班倒"，24 小时守候停车场，很辛苦。女儿也会欢快地跟他们问好。还有一件事对女儿的触动也挺大。有一次，我有篇关于家庭教育的稿子错投给了一位编辑，其实她当时已经不负责"家教专栏"了，没想到她居然同意加我为好友，并把我推荐给了"家教专栏"的负责编辑。这种善意之举太让我意外和感动了，于是，我每天念叨给女儿听。她也很感动，每天都看编辑阿姨的朋友圈，还说："妈妈，怎么有这么多好心的阿姨啊？”孩子的眼神里充满了感恩和崇拜。

“感恩”不是简单地说声“谢谢”，而是尊重、敬佩，以及时刻铭记于心地感动；“感恩”不是做做表面功夫，而是对他人发自肺腑地保持崇拜的眼神、恭敬的语言；“感恩”不是“假客气”，不是敷衍别人，而是真正地孝敬、孝顺家中长辈。我们应该把这些教给孩子，让孩子始终保留一颗“感恩的心”。

老师，谢谢您

和老师做朋友

女儿的老师，不管是学校的校长，还是班主任、任课老师，或者才艺班的老师，我一律把他们当成朋友。我不但有他们的微信、QQ，也有电话。我在微信里记录孩子成长中的各种问题和成绩，从来不避讳老师们，就这样把孩子的优、缺点暴露给老师，就这样把孩子交给“朋友式的老师”。

这一路走来，我慢慢地发现：孩子的全面成长，并非我一个人的力量所能推动的，而是老师、同学和环境共同作用的结果。

有一次，女儿所在的民乐团去剧院演出，我因为是唯一的志愿者家长，只能在后台帮忙，无法看演出，更无法拍照。因此，女儿演出的照片我没有，只能在微信群里下载别的家长拍的。事后，我发了照片到朋友圈里，结果刚发一会儿，就收到女儿班主任的微信：

“蔡宇瑶的那张琵琶演奏的照片没拍好，您赶紧换换吧!”同时，她发来两张演出那天摄影师拍的女儿最美的照片。

女儿四年级下学期时，四月份有钢琴比赛，五月份有琵琶和民乐团展演，六月份要考英皇乐理五级。这些真实情况我都跟钢琴老师和助理老师朋友式地沟通过，两位老师设身处地地帮我出主意：要不钢琴课缓一缓，也不要全停，看情况有必要时上一节，让孩子全力以赴地考好英皇乐理。就这样，我和孩子像吃了定心丸，有了主攻方向，没有了以前的手忙脚乱。跟老师做朋友，可以使我们脚步更从容、心态更平静。

还有一次，女儿所在的民乐团要参加“国戏杯”比赛，我要参加研究生考试，而且每周五我要带孩子去郊区和她爸爸相聚。从学校开车到郊区要一个多小时，所以周五下午的排练女儿无法坚持上到正常结束，于是我跟负责他们排练的音乐老师说明了情况，老师马上同意女儿上完一节合排，自己回家再练一节课。后来的几个月里，无论刮风下雨，音乐老师都准时把女儿给我送到学校门口来。后来民乐团比赛获得了二等奖，我也没耽误学习。就是因为有这样朋友式的好老师，我才毫无后顾之忧。

女儿校外的英语老师我也有他的微信，因为第一个班是我组织女儿班上的同学去的，孩子们跟着他上了几年了，每次同学们有什么不懂的，或者家长们有什么要求，都让我去跟英语老师沟通。到寒暑假，我也会要求英语老师给孩子们布置些作业，发些英语资料。有一次，孩子们的课换了新版教材，没有配套答案和解析，我就打电话向英语老师反映此事。后来我干脆建了个微信群，把英语老师拉到群里，这样老师就可以把他预先做出的标准答案发到群里，供大家参考。这就是与老师做朋友的便利，利人利己。

孩子一生的老师很多，俗话说“一日为师终身为师”，既然这是一生的缘分，我们家长何不把老师都当成朋友，用尊重的、交心的态度去交往？这样既有利于孩子的成长，也有利于家校沟通，何乐而不为呢？

谢谢您表扬我的孩子

女儿没有上过学前班，甚至幼儿园大班都没上完就上了小学。她个子小、理解能力差、上课纪律也不是很好，多亏遇到了她现在的班主任。

上课坐不住时，班主任会让女儿起立朗读课文，并夸她声音好听。二年级时女儿数学成绩下滑，班主任就安慰我说：“别的孩子这些内容都学过两三遍了，您不要要求孩子一定考多少分，只要她现在能弄懂每单元的内容就行了。”

果然，到了三年级，女儿的自主学习能力一下子就提高了，各科成绩也都日趋稳定，数学成绩进步尤为明显。

学校组织“阅读小达人”评选活动，班主任在家长会上居然给了女儿一次机会，让她给大家演示如何独立阅读（其实那时候女儿还经常缠着我给她读故事呢）。

女儿当时读得磕磕绊绊的，但还是赢得了班主任和全体家长的掌声，从此她信心满满，喜欢自己阅读了。

女儿刚上小学时像个“小刺猬”，只要别人一碰她，她就“睚眦必报”，经常惹得小朋友的父母跟我告状，那时候班主任就经常劝女儿要和同学和谐相处。

有一次，女儿帮同桌拣他掉到地上的文具，被班主任看见了。接下来，班主任居然当着全班同学的面表扬了她，还把孩子的友好行为告诉了我。从那以后，女儿就变得愿意帮助别人了：给小区的爷爷奶奶按电梯，给骑车的叔叔阿姨开小区的铁门……

在孩子的学校生活中，他们会遇到许许多多的老师，每个老师都有自己的特点，但只要老师愿意适时地鼓励孩子，学生们也都是愿意上进的。老师的鼓励是孩子快速成长的催化剂。

一位著名的教育家曾反复强调过，“孩子需要鼓励，就如植物需要浇水一样。离开鼓励，孩子就不能生存”。可见，鼓励的作用对孩子有多么重要！每一次的称赞和鼓励，都是对孩子自信心和自尊心的一次浇灌。

老师对学生真诚无私地赞赏和尊重，更会加深学生对老师的爱戴和尊敬，从而建立起良好的师生关系。

用鼓励打开孩子的兴趣之门

在那个“儿童散学归来早，忙趁东风放纸鸢”的日子里，女儿拿回了北京市“小学生写字达标训练与评价方法的研究”课题实验校第二届书法比赛的二等奖证书，第二天拿回了“班级百合少年”证书，接着我又在《现代教育报》上看到了女儿春节期间写的游记《雪后爬黄山》。

孩子这些突如其来的进步让我多少有些惊讶，但仔细想来，这得归功于她的班主任老师，也归功于学校平时组织的各种活动。

女儿刚上一年级时连“南二环”都能念成“南二不”，为此我曾深深担忧过。然而，班主任这样说：“不识字不怕，先要让孩子爱上阅读，书读多了，识字量就上去了。”第二年三月份，学校开展了读书节活动，在这次活动中，班主任给了女儿一次上台展示阅读的机会。后来女儿又被评为“阅读小达人”，她从此就爱上了阅读。她每晚睡前必须阅读一小时以上，几年来这个阅读习惯从没间断。女儿还经常带动班级同学一起阅读，他们互相借阅书籍、共同探讨阅读心得。

对于孩子的写作，我也曾怀疑过：老师光让写，不评价、不指导，行吗？班主任这样说："不急，得先让他们爱上写作文。"果然，随着知识的不断积累和阅读量的增加，加上适时的练笔，女儿不但愿意写了，而且在写作中也保留住了她"描写细致、风趣幽默"的风格。如果不是及时得到班主任的指点，我想我会让女儿去参加作文培训班，也许这样就限制住孩子的思路，让她在写得像与不像"高分作文"之间挣扎了。

女儿小时候爱画画，后来写字也延续了画画的习惯，手腕勾着往里写。这一点在进小学面试的时候副校长曾提醒过我，一定要让孩子改过来，我试过很多方法也不管用。起初班主任给全班学生配了字帖，让孩子们每天临摹，渐渐地学生们写字好看一点了。我受了启发，和几位家长一起从文化宫请了书法老师、租了场地，让孩子们课余时间去学硬笔书法。经过一年左右的刻苦练习，加上班主任平常的严格要求，几个孩子进步显著，我女儿还在书法比赛中获得了二等奖，还有一个孩子居然获得了一等奖。

女儿每天要练钢琴和琵琶、要阅读，还要跳芭蕾舞，幸亏班主任的宽严相济：上课时频繁提问让孩子积极参与、充分吸收；家庭作业可以视情况选做，或提前做或后来补做。这样自由的课余时间安排，给了女儿自由发展的空间，让她能在学好功课的同时兼顾才艺的发展。

老师可以用鼓励为孩子打开一扇兴趣之门，作为家长也应该跟上步伐，让孩子的成长之路走得更从容。

有一种邻里，比学区房更重要

稳定的家，优质的邻里关系

早上一起床，我发现雨还在下，想起今天车限行，怎么办呢？

“奇奇妈，你们今天开车吗？在下雨，我车限行。”我发了一条信息给奇奇妈。

“我开车，一起走吧！”奇奇妈很快回了信息。

我和女儿提早到了地下车库，另一个邻居妮妮妈也知道我车限行，提出让女儿跟他们一起上学去，我婉言谢绝了。

不过，这让我想起前一天的事。

前一天放学时也下着大雨，我把车开到学校门口的时候，看到妮妮、子希的家长都没有给孩子带雨靴，就决定把两个孩子一起捎回小区。由于车上的位置有限，两位家长在校门口交代完相关事项后，就各自走路回家了。

学校门口有一摊较深的积水，恰好能没过孩子的鞋面。我怕孩子们的鞋弄湿，就把三个孩子依次抱过去，放在车上。虽然妮妮她们都比我女儿重，我还是努力抱起她们，两个孩子笑着赞美我是“大力士阿姨”，我听着心里甜蜜极了。这就是我们邻里之间的关系，没有距离、充满贴心的温暖。

有一天晚上九点多，我带女儿上完芭蕾舞课回来，楼上一位邻居带着她四岁的小儿子来敲门，送了两大包衣服和玩具，这些是要捐给我和女儿组织的一个爱心流动站的东西。这个邻居其实跟我并不太熟，但她知道我们组织的这个捐助活动之后，三番五次地在小区妈妈群里表示要尽心、要捐助。

说实话，我们这个爱心流动站能建立起来，的确离不开热心邻居们的帮助。当初，我刚在群里说这个想法，就立刻得到了十几位邻居的大力支持。他们单独加了我的微信，立即清理自家孩子的物品，把孩子穿小了的衣服、看过的书、不怎么玩的玩具，甚至还有新的文具，都捐了出来。

有时候我出门办事，也都是委托邻居接送女儿上下学，他们真的都非常热心、尽心。有一年寒假期末考试前夕，恰巧我有些事要处理，邻居桐桐妈不仅帮我看孩子，还帮女儿复习功课；后来我们遇到有疑惑的题时，我也和她一起微信讨论。有时候我在外面堵车赶不回来，给子希奶奶打个电话，她就会帮忙把女儿给接回来了……有这样一群好邻居，是女儿的福气。

当然，我也经常做些力所能及的事来帮助大家。有父母觉得孩子们英语阅读费劲了，我就请了一位英语老师来小区带孩子阅读；我把陪孩子中文阅读、自由写作、学习才艺的各种经验写成文章，经常跟邻居们分享；妈妈们养育中有了困惑，我会和她们一起探讨解决办法……

邻里间互帮互助的时光里，女儿有了一大群好朋友。谁过生日了，孩子们自己做点小礼物送给他，大家聚在一起开开心心地玩半天；哪天放学早了，他们也会聚在一家写写作业，互相探讨一下学习经验……

这些看起来微不足道的事，成就了孩子之间强大的凝聚力。

现在，很多家长为了让孩子上所谓的好学校，不停地把家搬来搬去，有的甚至幼儿园就考虑去租房。我曾经一度为他们的孩子担心：你能租房，却租不到“家”。孩子真正需要的是家，一个稳定而熟悉的住所。

现在独生子女居多，他们成长需要朋友，生活需要伙伴，为了所谓的优质教育资源和学区房不停地搬迁，你能保证这些比邻里间的友爱和团结对孩子更重要吗?

如果家长不能看到一个稳定的“家”对孩子的影响，而只是盲目追求学区房和优质教育资源，只看重孩子的成绩，也许，你就是在舍本逐末。

这样做，每个孩子都会爱上小学

让孩子爱上小学

我经常反思：女儿为什么说待在家里没意思？女儿为什么生病了不愿意在家休息，非要去上学呢？

我想起有一次去给女儿请病假的情景。那天下午去接孩子时，我把女儿得了支气管炎的事跟班主任说了一下。班主任说：“这波流感很厉害，您明天还是让孩子歇一天吧！要不然回头烧起来可不得了。”我一想这次开了三种药，每天要吃三次，在学校吃药的确不方便，便同意了班主任的提议。

当时女儿还在班里做值日，班主任让我去班里接她先走。我到了教室之后把班主任的建议告诉了女儿，没想到她立即倔强地说：“我不！我不请假，我要上学！”我企图说服她，但没有成功。女儿何时变得这么爱上学了呢？

下楼时碰到了女儿的数学老师，当时她正带五年级的一个班下楼放学。数学老师跟女儿说了句我听不懂的话，女儿跟我解释：“陈老师问我为什么计算题丢分了，让我好好改一下。”到了校门口，我看学生们都走了，就过去跟数学老师说了女儿可能要请假的事。陈老师听了，马上说：“明早的第一节数学课得来上，我讲综合试卷，再说蔡宇瑶现在是我的小助手，她不来我忙不过来。”陈老师一边说，女儿在旁边一边点头。一瞬间，我好像知道了女儿为什么不愿请假，也感受到了女儿和老师之间浓浓的信任。

女儿每次周日晚上收拾书包，看第二天的课表时都很兴奋：“哇，明天有音乐课！我这次记得表扬表现好的同学时换一波，不能老表扬我身边的同学，要不然他们该觉得我这个音乐课代表偏心了。”周一晚上收拾学具，女儿忽然欢跳起来，说：“明天有体育课，这次400米跑我要挑战男生第一名，祝我成功！耶、耶、耶！”周二晚上，她收拾文具时又开始喊：“yes！明天有科学课，我们该发射火箭了，我得把上周做的火箭带上。”周三晚上，她欢快地叫：“耶！明天有戏曲课，我得带上自己的水袖，学校的水袖不太富裕，给那些自己没买水袖的同学用吧！”周四晚上，她惊喜地喊：“哇！明天有美术课，我得带上彩笔、黏土、双面胶，还有剪刀……”女儿这是每天都有新惊喜、每天都有新期待啊，难怪她现在不愿待在家里呢！

女儿的转变是从什么时候开始的呢？女儿上一年级时不是特别

爱上学，每次感冒如果让她歇一天的话，她会如释重负。每次假期过后一个星期她都不想上学，甚至不止一次在早上起床的那一刻呐喊："我不想上学，上学有什么好的?"她经常抱怨："妈妈，怎么学校什么机会都没有我啊?"看着她委屈的眼神和愤愤不平的小脸，我也很心疼，但我告诉她："宝贝，先打好基础，以后会有机会的，老师也会看见你的努力的!"

女儿曾经抱怨同学欺负她，我教她去主动帮助大家，把他们当成一生的朋友，还给她准备了一个小本专门吐槽。开始时，小本上会写满同学之间的不愉快，后来越写越少，到三年级期末时她已经没有什么可写的了。再后来，女儿只带了一个大本去学校，开始写心理剧，邀请同学跟她一起演。

其实，只要家长愿意给孩子时间，让孩子自己找到和老师、同学之间的契合点，每个孩子都会爱上小学的!

实操篇

学习可以很轻松，成长应该更快乐

经常有家长为陪孩子学习而抓狂，究其原因，还是因为不得其法。学习本是成长期的孩子的天性，完全可以变成一件轻轻松松的事情，然而，很多家长却南辕北辙，在陪伴孩子学习的岔路上越走越远……

接纳孩子，有效陪伴

听觉型、视觉型、触觉型孩子应该区别对待

女儿从四岁半开始弹钢琴，一直弹到四年级。虽然已经弹到了八级，但她对节奏的把握始终不准确。二年级时，她又参加了学校的民乐团学琵琶。这样中西乐器一起学，琵琶老师怕孩子练坏听力，但我看女儿好像一点不受影响。

再回想一下，女儿自小喜欢听歌，也爱跟着哼哼，但有些歌她都听了好几年了，依然唱不出一首完整的歌曲，调子都对，却总是唱不准词。还有就是上课，一对一的钢琴课她记得非常清楚，一对多的课程，她如果不预习，基本不知道老师在说什么。

经过几年的仔细观察，我终于确定女儿属于视觉型的学生了，所以不再要求她在乐器上有多大的造诣，只要她自己学得开心就行。对于学校的课程，我一般会让她提前预习，这样老师讲课时她就知

道老师讲到哪里了，听不懂就看，也不失为一种好的学习方法。

我还发现女儿认真看过的内容一般都过目不忘，所以尽量给她时间多阅读，这样既培养了好的习惯，还增长了各种知识。另外，我几乎不给她报课外班，只给她一些辅导用书让她自己看。对她这种视觉型孩子来说，知识看懂了就不会忘记。

视觉型孩子在小学阶段的表现也许并不十分突出，但只要家长开发得好，多让他们阅读、多去看外面的世界，等到了不以老师灌输知识为主的阶段，这些孩子的阅读功底一旦达到，他们的表现会异常优秀。

视觉型孩子上课不太爱举手回答问题，他们的主要精力都集中在课本上，有的甚至都不抬头看老师，他们忙着在书上找老师讲到的知识点。

经常有家长问我，他们家孩子就是坐不住，怎么办呢？我通过他们的描述大致可以断定这类孩子应该是触觉型的，他们不爱听课，也不爱看书，只爱用肢体去触碰。他们表面在玩，实际上是在探索新知识。这种孩子在学校坐不住，上课也不爱回答问题，但如果老师改变方法，让他们多上讲台表演课本内容，多在黑板上演算数学题，他们会慢慢对课堂很感兴趣的。

触觉型孩子只要父母别太限制他们，老师加以适当引导，他们在初中、高中就会有很大改变，学习上也会突飞猛进。将来走出学校，这一类学生是很有发展前途的，他们的动手和创造能力强，或许会有很多新的发明创举。

还有一部分孩子是属于听觉型的，他们小学时表现很优秀，老师讲什么他们都一听就懂，而且会举一反三，这时不论老师还是家长都会觉得这个孩子不错，很聪明，所以对他们往往期望很高。自以为聪明的孩子心气儿都比较高，因此也不太容易静下心来看书。日积月累，这些孩子就只靠老师来灌输知识，而自己完全不会自学，也不爱阅读，这种孩子进入初二后就会表现出吃力，学习成绩明显滑坡。对这类孩子，家长应该尽量引导他们多看看书，全面发展，才不容易出现学习后劲不足的现象。

其实，不管孩子属于哪一类型，父母只要善于观察，加以好好引导，和老师充分沟通，找到适合他们的学习方法，孩子们都会表现出自己不同寻常的一面，取得很好的成绩。

厌学可能是家长“喂”出来的

有一天，上三年级的女儿突然跟我说：“妈妈，您让丫丫妈妈也把丫丫学校考过的单元测验试卷发给您呗！”

“你要这个干什么？”我惊奇地问。

“我不抄，只看看题型，可以考试前好好复习一下。”女儿诡异地一笑。

“不行，我们不能这么做，这样考出来的不是你的真实水平。”我坚决地摇摇头。

“那为啥丫丫妈妈每次都要您拍我考过而他们还没考的试卷给她呀?”女儿委屈地说。

“那是因为——因为——”我被问得哑口无言。

要不是女儿这么一提醒，我还真没想到别的家长会这么用心对待孩子的考试呢，更没想到这种“用心”已然毒害到了女儿。

深思这种“用心良苦”，其实就是一种“喂”孩子知识的表现：孩子考前怎样复习，复习哪篇文章、哪道题，都是靠家长“喂”，只为了所谓的“考好”。

难怪每次单元测验后，几个家长都会催着要我发女儿的试卷给他们呢！都是一个区的，单元测验试卷都一样，但各学校考每单元的时间不一样，所以“上心”的家长就有了可钻的空子。原以为大家就是简单的交流交流，没想到某些父母“喂”孩子竟然到了这种地步。这让我想起女儿小时候我对她犯过的喂养错误。

女儿快一岁半才断的母乳，她那时比同龄的小朋友都瘦小，所以我非常担心，断奶之后每天换着花样给她做饭，又是包饺子又是炖汤。我怕孩子不会搭配着吃营养不够，又怕孩子会打翻碗弄脏衣服，所以一直喂她吃饭。我当时自以为这样就是爱孩子，完全没有顾虑她的感受。没有让孩子体验到自己吃饭的快乐，也没有给孩子犯错的机会，更没有给孩子自己选择食物的权利，当然我也就无从知晓孩子真正喜欢的食物是什么。

果然，到了孩子一年级时，她突然就不吃排骨了，甚至连一口猪肉都不吃，几年来一直如此。我反思以前的做法，竟错在我一直以来的“喂”！那时候每顿饭基本都有一个猪肉炒菜，一天一个汤，排骨汤居多，而且每次给她喂饭都是一口荤菜、一口蔬菜、一口汤、一口饭，从来没问过孩子的意思，也没有考虑过她需不需要、愿不愿意。

有了喂饭的失败经验，女儿上一年级时我就明白：“喂”也不能用在学习上，应该让她慢慢学会自主、自由学习。所以在孩子的学习上，尤其是写家庭作业上，我没有干涉过。有家长问：“你家姑娘咋就那么听话？作业写得那么快、那么好，还有时间天天练琴，天天阅读。”其实我也没什么诀窍，就是让孩子知道：写作业是她自己的事，她先写哪项后写哪项，怎么写都由她自己安排；练琴时先弹哪首后弹哪首，哪首弹几遍，都按她的计划进行；阅读也是自由选择，她愿意看哪本就看哪本，只是要求她一本一本地看完，不能中途放弃。

其实，陪孩子写作业、帮孩子收拾学习用品、给孩子安排课余时间的活动，都是在“喂”孩子。这种“喂”使孩子永远无法独立，孩子丧失自理能力不说，还会“挑食”、“厌食”；家长也会一直处于代办、包办状态，最终成为家庭中那个“填鸭人”。

还有一种最可怕的“喂”：盲目地给孩子报各种培训班，把孩子的课余时间安排得满满当当；或者一个学期给孩子买几十套练习题，强迫孩子在家做。有的父母就像一台“榨汁机”，打着爱孩子的幌子，无休无止地压榨孩子玩耍的时间、剥夺孩子成长的快乐，完全没有考虑孩子的感受。殊不知，不给孩子自主的机会，孩子往往会丧失兴趣和信心；不给孩子选择的机会，我们就不知道他到底喜欢什么；不给孩子犯错的机会，我们就不知道他的“短板”在哪里。

孩子是一个独立的个体，每个孩子的发展方向不同，每个孩子的花期不一样，家长不应该拔苗助长、不能舍本逐末。孩子应该有自己玩耍、探索、思考的时间和空间，他们应该有选择自己人生道路的权利，他们还应该有承担后果的担当，他们更应该有属于他们自己的成长经历。

不管是给孩子喂饭、“喂”知识，还是“喂”人生计划，都是错位的育儿方式。如果你爱孩子，从现在开始，就不要一直“喂”孩子了。

不陪娃写作业，不做“狮吼”妈妈

经常在朋友圈里看到家长吐槽陪写作业，他们要么气得大吼，要么气得吐血。我经常劝他们：别陪孩子写作业了，那是孩子自己的事。

女儿刚上一年级时，学校让做手抄报，因为我不会画画，只能孩子自己动手，不过我可以在她画完之后给她写几个字，起到画龙点睛的作用。慢慢地，孩子大了，写字好看了，她就不让我帮忙写字了。当女儿自己独立完成的作品被老师表扬时，她可有成就感了。

差不多二年级时，学校布置了网上英语作业，为了得到“你真棒”、为了得高分、为了多得学豆，我比孩子还紧张。她一做英语作业我就过去盯着，一看读音没得优，就要求她重读；怕她录不好音，非要帮她拿着手机……那段日子别提多煎熬了。经常都是孩子读着读着，我就发火了，或者是一遍遍让孩子重读她不耐烦了，或者是俩人战斗半天结果只得“一般般”的评价。女儿后来不客气地对我说：“妈妈，我做英语作业时您别过来了，我自己能做，您在旁边我受影响，反而得不了高分。”好吧，英语我也放手了，轻松自在。后来让闺女去学了自然拼读，从此英语作业我再也没管过。

不过，在怎样不陪孩子写数学、语文作业上，我还是花了不少心思的。

首先是装傻。我发现女儿做数学题时不愿验算，不愿思考应用题，老想依赖我，于是，我告诉她我是学文科的，数学题不见得都能做对。有时候我刻意当着她的面打电话请教别人，有时候我故意把题给她教错，第二天她去学校跟老师一对答案，回来就开始相信我可能真不会。孩子老出错的题型我也会找一点题给她做，她做完了可以自己拿红笔判分，这点她可乐意了。她一般都会标上做错的原因：是粗心，还是不会。这样一来，她做题的兴趣可浓了，我也省去了跟她不必要的争论。数学作业方面，我用了半年左右的时间做到了放手。

还有一招，就是让自己忙起来。孩子做作业时我一般都选择做饭或者自己也写点东西，这样她即使问我点什么我也没时间帮她。有一次，女儿问我："妈妈，阻拦的拦怎么写？"我说："哎呀！这字我还真不会写，我这会儿也挺忙的，你查字典吧。"过了不到一分钟，我就听她自言自语："还名牌大学毕业的呢，这么简单的字都不会写……"遭到了如此的鄙视我还真失落，但为了不陪写作业、不做"狮吼"妈妈，我也只好认了。

最不好甩手的是学校布置的听写作业。英语还行，我让她先把中文意思写在听写本上，然后自己开始默写英文。语文的听写比较麻烦，不得已帮她报字词时，我也会尽量坐得比她低，最好看不见她的字、坐姿和手型。听写完了让她自己判对错，错的字词自己抄一行，这样我又可以不跟她较劲儿，她又有兴趣。

四年级时，在语文生字词听写上，我又发明了一个新招：让孩子学着老师报听写那样，自己把字词读三遍，用手机录音，然后自己听着录音默写。女儿很喜欢这样的听写方式：既过了当老师的瘾，读的过程中又加深了印象，默写的时候也能跟上学校的默写速度。

周末的时候我们一般这样安排：女儿早餐前读英语，我做早餐；早餐后女儿写作业、弹琴，我洗衣服、收拾下午出去玩的东西；爸爸洗碗、扫地。晚上回到家，爸爸做晚餐，孩子写游记，我搞卫生。我们各司其职，没有时间指导，也没有时间唠叨，更没时间吼孩子。大家各得其所，心情愉悦。

为什么要吼孩子？为什么要做“狮吼”妈妈？家庭作业是孩子自己该完成的事，家长为什么要帮着写？做不好老师自然会说他们，错题老师自然会让他们改，我们何必费力不讨好呢？

请停止唠叨

女儿学自由泳之前已经学过蛙泳，因为学蛙泳时年龄小，比较怕水，所以只是学会了基本动作，还游得不太好，也就能连续换两口气。激发她学自由泳的动力是：她在意大利游轮上玩了几天，因为游轮上的游泳池是 1.9 米深的水，加上她学完蛙泳后，也没继续练，早就生疏了，水深处根本游不起来，她只能穿上儿童救生衣去泡泳池，这让她心里很不痛快，所以回家后就决定再次学游泳。

跟女儿一起去报自由泳的伙伴是已经学了三年、蛙泳很棒的女孩。然而，学了五节课后，那女孩就经常请假、迟到或调课。我女儿还算懂事，知道自己底子差，所以不管同伴去不去，她都坚持去游泳，没有教练教时就练蛙泳或练习自由泳的基本动作。一段时间下来，女儿的水感反而好过同伴，并且学得也快、游得也快。最后结课时，女儿不仅没落后于同伴，而且两种泳姿都练得不错了。

其实在女儿成功学会游泳这件事上，我除了带孩子坚持练习，主要还在于我不爱唠叨孩子。女儿那个同伴的妈妈自己会游泳，所以她女儿学的时候她总是守在旁边，教练教一句她接一句，教练不说时她也在旁边唠叨。我则反其道而行之，只要教练在教，我绝不过去，甚至特意坐到很远的地方去，假装看都不看孩子。这点让女儿很自豪："妈妈，你不叨叨我，真好！我看别人的妈妈都在旁边吼孩子，他们太可怜了。"

"有教练教你就够了，我干吗要去招人嫌。如果你学的时候我在旁边唠叨，那样多不尊重教练啊！再说，我不会所以才不说你的，你自己要努力学啊，学不会我可帮不了你。"我故作深沉地说。

其实，每个人都不喜欢别人唠叨，再说有教练教，让孩子听教练的就行了，如果教练教你也教，孩子都不知道该听谁的了。有时候女儿同伴就直嚷嚷："妈，你别说了！教练说什么我刚才都没听见。”孩子们洗澡的时候，那位妈妈也不辞辛劳地一直守在旁边，一会儿是催，一会儿又是抱怨。试想一下，如果你做一件事时一直有个人在旁边唠叨，你会怎么样？直到现在，那个妈妈还在微信里抱怨她女儿游泳时糊弄她。

谁都不喜欢听别人唠叨，家长没有必要把自己的焦虑强加给孩子，一直叨叨孩子。我们应该相信孩子自己有能力学好，也应该相信教练、老师有能力教好孩子，不要为将来的“也许不成功论”去强迫孩子、唠叨孩子。

帮孩子树立好目标、陪孩子勤加练习、鼓励孩子一直坚持，比频繁地唠叨孩子更管用。请记住，唠叨是扼杀孩子兴趣的天敌。家长们，请停止你们的唠叨吧！

不以离婚的名义缺席家长会

开完女儿四年级第二学期的家长会第二天，我去接女儿。她见面第一句话就是：“妈妈，小范的爸妈离婚了！”

早在女儿一年级时，我就知道，他们班里有几位同学的爸爸妈妈离婚了。我只是让女儿多帮助这些同学，并没告诉她实情，我不想女儿知道他们的家庭情况后有心理负担。

“妈妈，小范的爸妈真的离婚了，同桌告诉我的。你看昨天他家都没有人去开家长会。”女儿睡觉前又说起这个话题。

“宝贝，不要去说这件事了。本来父母离婚了，孩子就可怜，没有人去开家长会是大人的不对，你的同学是无辜的。”我不知道怎样替那些可怜的孩子解释。

“妈妈，你看昨天还有小魏、小彤、小花……咦？好多同学的家长都没去开会呢，他们的爸妈都离婚了？”女儿有点忧伤地说。

“好孩子，你不要去管同学家里的情况，父母虽然离婚了，但他们对孩子还是一样爱的，只是大人之间出了问题。你以后好好帮助、关心他们就够了。”经过我的安慰，女儿安然入睡，而我想起前一天开家长会的情形，陷入了沉思。

这次的家长会主题是配合学校做“中小学教育满意度调查”，要在网上回答调查问卷，所以学校要求年轻的父母去开家长会，老人最好不要去。

当我们来到教室门口，孩子们都把自己的家长领到各自的座位上，而孩子则拿个小板凳，坐在自己家长身边。我坐下来，女儿幸福地靠着我，我们一起做问卷调查。我看见周围的孩子也都高高兴兴地和自己父母一起做着，连平常学习不太好的小航也兴奋异常。他妈妈画了一点淡妆，看着比平常漂亮多了，小家伙看着妈妈挺自信的，不住地回头冲我们微笑，样子得意极了，也许这就是孩子没有压力的时候表现出来的天性吧！

做完问卷，我抬头看前面几排的孩子，有几位同学自己坐在课桌前，身边没有家长，老师帮着做问卷，我瞬间明白了怎么回事。这时小范回头找老师，正好看见我，他没有像平常见到我时那么热情洋溢，苍白的小脸上没有一丝笑容，眼睛里还有些许恐慌、忧郁，想躲开我的目光，又想跟我说点什么，但最终还是低下头，慢慢地转过身去。

小范是学校足球队的主力，他父母离婚好几年了，但奶奶非常年轻、能干，也很有爱心，不管小范去哪里培训、比赛，奶奶都跟着。所以小范一直性格很好，待人热情又有礼貌，似乎从来没有这样让人心痛的时刻。

后来我又看到小花，她可以说是班上的学霸，按理说不管离不离婚，她父母都应该很乐意来开家长会。小花平常是爷爷奶奶接送，但这孩子懂事，自己学习又好，为人开朗活泼，和我女儿关系也好。她每次见到我都会过来热情地跟我打招呼，然后像个小大人似的跟我聊会儿天。但那天小花走过女儿的课桌前，都没拿正眼看我们，我一直用目光追逐着她，期待着有机会冲她微笑一下，想用笑脸告诉她，父母没来开家长会不是她的错。

以前孩子们小，谁都不太注意别的同学的父母是否健在或离异，所以孩子们都还是比较愉快地相处、快乐地生活和学习，我们班的家长似乎也有默契，这种别人家的不幸我们也都瞒着孩子。但是，四年级的连续两次家长会都不让老人参加，这下老人不来了，孩子的父母也以离婚了为借口拒绝参加家长会。

这些离异的父母只把孩子一个人丢在学校，把他放在别人异样的目光里，就像把他的自尊心拿出来放在火上烤一样，让孩子遭受了双重的伤害。这些孩子为什么要为父母的离异买单？他们在父母的婚姻里有什么错？为什么让他们小小年纪就去承担这种尴尬？为什么要把童年的家长会变成可怜孩子的终身噩梦呢？

以离婚的名义缺席家长会的父母们，请扪心自问：你们这么自私地为了自己的面子，缺席了孩子重要的成长时刻，值得吗？再苦再累再不堪，都请家长们不要以任何名义缺席孩子的家长会。

为孩子培养志同道合的朋友

在家庭教育的多重价值中，为孩子培养一群志同道合的朋友，能使孩子终身受益。

成长需要伙伴，发展需要团队，独生子女尤其需要家长的帮助。女儿上一年级时，我出面跟一个英语培训机构协商，结合我们学校的实际情况，请他们在每周一专门为我们学校的学生开设英语课外班。我们建了“英语学习小组群”，家长们经常在群里交流孩子学习英语的经验，相互探讨学习英语的方法，并相互提醒、监督孩子复习英语，建立起了良好的英语学习氛围。坚持了四年多，女儿终于有了一大群努力向上、视野开阔的朋友，一起学英语，一起看世界。

我还邀请几位家长建了一个“书友群”，号召大家把自家孩子的图书照片发到群里，谁先预定就先借给谁看。在相互借书、相互交流、相互激励中，几个小朋友不断进步，阅读能力、识字能力大大提高。几年下来，“书友群”的成员越来越多，班里爱看书、爱阅读的小朋友也越来越多，女儿拥有了一大群志趣相投的书友。

为了让女儿有积极健康的生活方式，我们在节假日里会约上她的好朋友一起去采摘，不同的季节采摘不同的水果蔬菜，让孩子们在劳动中体验丰收、在竞赛中体验快乐。每年，我们还会约上女儿的好朋友去爬山、滑雪。刚开始滑雪时孩子们都有点胆怯，但只要有一个小朋友敢尝试、会滑了，其他小朋友也就会不甘示弱。通过这些活动，一个团结合作的阳光小团队建成了，孩子们变得热爱生活、热爱运动、勇于挑战，遇到困难不屈服、不放弃。

学校经常会组织关爱“星星儿童（自闭症儿童）”活动，每一次，孩子们都积极为“星星儿童”义演、义卖和捐款。三年级时，老师让孩子们做PPT当小老师讲课，女儿做的课件主题是“关爱老年人”。女儿的这些言行让我很欣慰，相信她和朋友们只要心存良善、相互影响，把这样的“善”传下去，就会成为一支了不起的团队。

“单丝不成线，单木不成林”，在孩子的成长过程中，家长可以在有条件的情况下，帮孩子建立有利于身心发展的学习团队、运动团队、兴趣团队、爱心团队等。不要让孩子为了学习而学习、为了玩乐而玩乐、为了锻炼而锻炼，而要为孩子培养团队精神和高尚乐趣，让他们知道自己在做什么，知道自己在团队中的价值，知道团队的力量是无穷的。

身边有很多志同道合的伙伴，将来面对挑战时孩子才能无所畏惧。

让孩子自己送出玫瑰花

有一段时间，我和女儿号召邻居们和她的同学为山区小朋友捐衣服、书和玩具。之后，山区的老师发过来了孩子们分东西的照片。我第一时间把这些照片拿给女儿看。当她看到山区的小朋友们在高兴地试穿衣服、分书、分玩具时，她的脸上也洋溢着快乐和自豪。

曾经，女儿也是一个满口“我的，我的”的小女孩。刚上一年级时，女儿每周一中午吃完饭后都会和几个同学到小公园玩半天。那时我们几位妈妈总鼓励孩子跳绳，因为他们体育课要考跳绳，而他们都不太会跳。有一次，几个小朋友都没带跳绳，只有女儿的书包里带着，但小气的她舍不得把跳绳借给同学用。我努力劝了半天，她总是说：“我的，我的，这是我的跳绳！凭什么给他们用？”她跳累了，我把跳绳给其他同学用，她就目不转睛地在旁边盯着，只要人家一停下来，她立刻上手夺走跳绳，飞一般地跑开……如此反复几次，大家不欢而散。

从幼儿园起，女儿这种“护东西”的行为就不断发生，让我觉得很丢面子，也使得小伙伴越来越疏远她，我们都为此痛苦不堪。

有一次，我向一位好友诉说，她告诉我：“孩子护东西、小气，是她没有安全感、不自信，怕别人夺走属于她的东西。你想想有没有替孩子做主，不经她的同意把她的东西随意分享给别人过呢？”

回想我以往的做法，还真有强行分享的时候。女儿大概一岁多的时候，我曾自作主张地把她的一个小喇叭送给了邻居家的小男孩。女儿后来去小男孩家玩，还记得那个小喇叭是她的，非要拿回来。我为了自己的面子，不让她拿。当时孩子含着委屈的眼泪、憋红了小脸、不断地小声恳求我：“妈妈，这是我的，我想拿走，我好喜欢这个小喇叭！”不管女儿怎么哭闹，我就是不答应 。这件事我不以为然，但也许深深地刻在了女儿的心里。后来不管我劝她把什么东西和小朋友分享的时候，她都会反抗：“我的，我的，这是我的！凭什么给他？”

找到了问题的根源，我学着替孩子着想。在她一年级下学期时，班里成立了一个流动图书馆，女儿有很多图书，又喜欢看书，于是，就有同学向她借书看。女儿开始很担心：“妈妈，占岳要借我的《八十天环游地球》，我怕他借了不还，不敢借！”

“没关系！你跟他说，这是你的书，是借给他看的，他看一周后必须还给你。”我开始引导。

“那他就是不还给我，怎么办？”女儿忧郁地说。

“他不还你，我帮你要啊！我让他妈妈买一本给他，要他把你的书还你。”

“那好吧！我试试。”女儿很小声地说。

经过两年多同学之间来来往往地借书、还书，女儿也悄然发生了变化：她知道了“借”和“给”的不同，不再害怕借东西出去了。

在和小朋友玩耍时，我也试着保护女儿的东西，总是跟别的小朋友强调：“这是宇瑶的东西，你想玩就去向她借，她答应给你玩，你可以玩，但她想拿回去时，你必须及时还给她。”另外，在把女儿用不着的东西送人的时候，我会把东西拿到女儿面前让她确认，在得到她的同意之后才会送出。

渐渐地，女儿尝到了分享的快乐。我也懂得了，孩子不愿意分享东西是家长们的乱分享、强分享造成的。我们应该真正尊重孩子，分享之前要引导、要请示孩子，在得到孩子同意后才能把孩子的东西分享给别人。只有孩子发自内心的、真心愿意跟别人分享，她才是快乐的。同时，我们也应该给予孩子足够的时间，让他们慢慢体验分享的快乐。

如果说，赠人玫瑰，手留余香。那么，这玫瑰花，请让孩子自己送出去！

提高孩子的国际竞争力

在国际交往中，能玩是一门技术活儿，礼貌依然是一块敲门砖，微笑是最好的通行证，孩子的人文关怀和环保意识是底线……这些就是孩子们必须具备的国际竞争力。

要提高孩子的国际竞争力，家长需要舍得放手、舍得让孩子吃苦和接受挑战，更需要家长以身作则。

我常带孩子出去旅游，接触过法国人、泰国人、日本人、意大利人、新西兰人……我经常会以一个家长的眼光去观察他们对待孩子的方式，通过对比，我发现中国孩子的国际竞争力比较差。

有一次，我带女儿去参加法国的一个文化节。那天，女儿一个人去买法国人做的吃食，一个人上台跟法国叔叔学跳舞，后来还主动去和法国小朋友一起随着乐队的音乐翩翩起舞，他们在一起唱啊、跳啊，快乐极了！我很庆幸没有把孩子培养成一个书呆子，不管在什么地方，不管和哪个国家的人，即使语言不通，女儿也能和他们打成一片、友好相处，这就是我想要的国际型儿童。

还有一次坐意大利游轮时，仅仅六天时间，女儿的微笑和礼貌让她和游轮上的两位长者成了忘年交。不得不说，意大利的大人对待孩子的态度和方法的确值得我们学习：他们从来不以长者自居，每次看见女儿，都是半蹲着跟她说话；跟孩子见面时，他们表现得跟孩子一样兴奋；跟孩子道别时，他们会摸摸孩子的头、拥抱一下孩子，以表达自己的不舍……

在泰国北部旅游时曾与一群西班牙人在酒店游泳池边待了大半天，我发现他们对待孩子也跟我们不一样。有个西班牙小女孩，大概不到四岁，她姐姐也就十岁左右。姐姐游得很好，一会儿蛙泳、一会儿蝶泳、一会儿又潜水，妹妹一开始很想学姐姐，她奋力把头扎进水里，能游三四米。姐姐开始也会过来教教妹妹，但时间一长，她也没耐心了，就游开了。妹妹依然不甘示弱，她偷偷学姐姐的样子游了起来，毕竟不太会，一不小心就游到了游泳池中间，离开了池边。她使劲在水里扑腾起来，看样子是狠狠地喝了几口水，最终抓到了泳池的边缘，爬出了水面。这时我看见小姑娘的父母就在我旁边的餐桌上悠然地喝着咖啡，他们既没有过去安慰小妹妹，也没有去责备姐姐；小妹妹没有哭，还在继续学游泳；而姐姐根本就不知道刚刚发生的事，依然快乐地游着。

这场风波如果是中国的父母处理起来就不会这样轻松，他们会立刻冲过去关心小的，跟小姑娘讲游泳的危险，使小的以后害怕游泳。他们也会责备姐姐，让姐姐因为妹妹的落水饱受委屈，以至于她以后都不敢自由地玩耍，随时都要担负起照看妹妹的责任。

另一位西班牙父亲却和孩子一直在水里决斗，他从不刻意让孩子赢，他让孩子明白什么是战斗、怎样争取战斗的胜利。这是中国孩子在生活中无法轻易学到的，因为中国家长通常舍不得这么做。

我曾经见到过中国家庭这样的一幕：三个大人一起陪着一个刚学完芭蕾舞的小姑娘做英语作业，一会儿纠正孩子的坐姿，一会儿责怪孩子发音不准，一会儿爸爸急了，一会儿奶奶又说她精神不集中，一会儿妈妈在旁边提示……

教育孩子，我们应该考虑到世界的大环境了，光“窝里狠”、“闭门造车”是没有用的，走出去世界不接纳。

怎样提高中国孩子的国际竞争力？家长需要做的是：加大孩子的素质教育，锻炼孩子的生存、抗挫折能力，培养孩子的责任心和同理心。学校需要做的是：提高学生的运动、吃苦能力，培养学生的合作、创新能力，培育学生的人文关怀意识，增强学生的环保意识。

孩子应该有的运动精神

有一天，我接孩子的时候发现她脸色苍白，面容疲惫，也难怪，他们那天是去别的学校进行的体育测试，走路去的，测试完又走回学校，单程就得走30分钟。女儿从几天前就有点流鼻涕，前一天下午给她买了感冒药，吃了两次，当天早上着急上学，药也没吃，中午怕影响她的发挥，也没给她带药……这次体育测试真是难得的一次艰苦磨炼啊！

孩子们自从上了小学，就很少有时间进行户外运动，学校的体育课也不多，课间和中午也不让他们出去运动。女儿的体质明显下降，小时候的运动精神也消磨殆尽了。

“妈妈，我今天估计有得优秀的、有得良的项目，不能都得优秀了。”孩子见到我后快快地说。

“没事，闺女！今天只是去练练手，看看真正的体育测试是怎么样的。”我在一旁鼓劲儿道。

“妈妈，跳绳我只跳了120多个，不能加分了。仰卧起坐时垫子是硬的，挺硌后背的，我只做了30多个，最多只能得良了……”女儿嘟着小嘴，难过得快要哭了。

“没事，你在家练的时候跳绳能1分钟跳180个呢，135个就可以得满分了。仰卧起坐也能1分钟做48个，测试表上写的42个就能得满分了呀。还有跑步、坐位体前屈，你都达到优秀的标准了。这都是最近坚持锻炼的结果，以后还接着锻炼。体育成绩好了，身体也好了，一举两得！”我鼓励道。

“那我以后要把仰卧起坐练到1分钟60多个，多准备一些，考试时条件不好的话，我也能做 40 多个，这样就能得优秀啦。”孩子信誓旦旦地说。

“嗯嗯，英雄只比普通人多坚持三分钟！”我点点头道。

“好，我以后锻炼时一定坚持到受不了了，再多坚持三分钟。”女儿坚定地说。

此后，我们一起练过跳绳，她一般 1 分钟都维持在 160 个左右。至于仰卧起坐，我们每天上床睡觉之前都要练习，有时候做三组，有时两组，女儿每次都做到筋疲力尽还咬牙坚持，看得我暗暗叫好。连续练习了二十多天，孩子最终能做到 1 分钟 60 多个仰卧起坐了。

在这一过程中孩子明白了：可以通过不断练习，提高体育成绩；可以通过日积月累的锻炼，获得一个好身体；面对困难要有运动的精神，要敢于挑战自己的极限，敢于超越昨天；无论多么艰苦的锻炼都流汗不流泪，在生活中无论遇到什么挫折都不轻言放弃。

柏拉图曾经说过，人进化的两种管道是教育和运动。教育，让人走出无知；运动，让人走向强大。

认识到体育锻炼的重要性，养成经常体育锻炼的习惯，在体育锻炼的过程中磨炼自己不怕苦、不怕累的意志，这些就是孩子应该要有的运动精神。

家长需积极配合学校的活动

女儿学校每年都会组织很多活动，从“阅读季”到“戏曲节”再到课外实践活动，女儿每次都从中受益匪浅。但是，对于学校的活动，有的家长偏偏不理解、不重视、不配合，这也许只是教育孩子的观点不同，但却会耽误孩子的成长。

有一次，女儿学校组织一至三年级的学生去“北京紫谷伊甸园”进行实践活动，回来时孩子们拿着自制的风筝、自栽的盆景、自己挖的红薯，个个脸上洋溢着兴奋与骄傲。这些平时在家习惯了“衣来伸手、饭来张口”的小皇帝、小公主们，现在居然能自己“手挖红薯”，并且晚上还可以享受自己的劳动成果——吃甜甜的蒸红薯，他们能不兴奋与骄傲吗？

可是有些家长却没有体会到孩子们这时的心情，有一位爷爷居然拿着红薯去质问学校领导：为什么让孩子去挖红薯，这值几个钱？为什么让孩子拎这么重的东西？还有几位年轻的家长也跟着起哄……

还有一次，我带着女儿去上海迪士尼玩，当时就有一个强烈的感触：多大的孩子适合游玩这里呢？有抱着几个月宝宝去的，有带着一两岁孩子去的。排队时有的宝贝一直在哭，有的小孩已经在大人身上睡着了……这样带着孩子去玩迪士尼的项目，于孩子、于大人有什么意义？于孩子的成长有什么意义呢？

在这个物质生活飞速发展的社会，出游对于每个家庭来说可能都不是问题，但是否每位家长都清楚自己的孩子现阶段需要去游什么呢？孩子们的出游主题无非是：亲近大自然类、培养运动意识类、体验艰苦生活类、增长见识类……对于“牙牙学语”的小宝宝来说，带他们上公园认认花花草草、去动物园认识小动物再好不过了，别一出门就直奔迪士尼，他们不适合也不感兴趣。

大一点的小朋友也许适合去游乐场，初步体验运动的乐趣。如果孩子的体力好，也可以带他们去爬爬山，培养一下孩子的运动意识，以及不怕吃苦和不轻易放弃的精神。

可是对于小学生来说，尤其是城市的小学生，去农村、郊区体验生活，参加劳动是十分必要的。孩子在劳动中会明白粮食的来之不易，会明白大人们的辛苦，会明白各种农作物的特征、用途。农村的小学生适合增长见识类的旅游，这样能开拓他们的视野。

初中和高中的孩子们则适合增长知识类旅游，到世界各地去看看，参观各种博物馆、科技馆等。

请体会学校教育者的良苦用心，因为学校知道孩子缺什么、知道将来的社会需要什么、知道将来什么样的人能生存。别舍不得孩子吃苦，也许将来这些生存技能会救他的命。毕竟我们不能陪孩子一辈子，也不能护孩子一辈子，他们早晚得自己走路，早晚得接受竞争。别的孩子会的，我们的孩子也得会，不然别说当“小皇帝”、“小公主”，恐怕将来还得有饿肚子的一天。

与其将来后悔，还不如现在就认真配合学校的活动，让孩子接受更多锻炼和磨炼，收获更多经验。

放学路，一段美好的亲子时光

“妈妈，你看月月、晶晶她们家长都是用电动车接她们放学，你为什么总是愿意走路啊？”到了四年级，孩子们作业多，家长都想少花点时间在路上，想赶快带孩子回家写作业。

“因为和你一起走着回家有更多的乐趣啊！”我若有所思地说，“如果开车回家，五分钟就到了，你就得写作业，没有玩的时间，也没有交流，多没意思啊！”

“妈妈，我也想快点回家写作业。”女儿着急地说，“现在路上也遇不到同学和邻居，也没伙伴可玩。”

“我可以陪你玩啊！要是马上就到家，你不过是换了个地方学习，跟那些上托管班的同学有什么区别啊？”我搂着女儿的肩膀边说边走。

五六分钟后，我们到了一个小区的后门口。女儿照例过去问候她的老朋友：“小猫咪，猫爸爸，你们好啊！又出来晒太阳啊？”这是一窝流浪猫，好心人给它们安置了一个猫窝，小区的邻居和路过的人们都不时拿些家里吃剩的食物来给它们，女儿每次路过都要跟它们玩一会儿。

我在一旁耐心地等着，因为家里条件有限，一直没能给女儿养一只猫。她喜欢小动物，所以这些小家伙正好可以缓解女儿的“宠物情结”，并且多跟小动物接触有利于培养孩子的爱心，也有利于培养他们的观察能力。女儿每次都能跟我分析每只猫的不同心理活动，并且老师让写“可爱的小猫”的作文时，她也是一气呵成，写得相当生动。与其急匆匆地赶回家写作业，不如让孩子每天花一点时间做自己喜欢的事。

我们继续往前走，来到一家酒店门口，女儿停下来说：“妈妈，这里的石狮子没有卢沟桥的好看。”

“是吗？你观察观察，这两只狮子有没有不一样？”我建议道。

“左边的狮子好像比右边这只凶一点，你看它的耳朵都竖起来了，应该是狮爸爸。世界上还真没有两只完全一样的石狮子，难怪卢沟桥的狮子千姿百态呢！这些雕刻狮子的人手真巧啊！”

我们又走了三四分钟，来到一个地下通道口前，女儿要求自己下去走一走，看看桥洞里有什么。我就问她：“你看看那个黄线标20cm，红线标27cm，是什么意思？”

“我下去看看。”女儿嘀咕着，“这是什么意思呢？”

“你可能还真想不出来。”我看女儿一直在琢磨，不禁想替她解惑，“你看北京连续下雨的时候就会涨水，这个线呢，就是用来衡量是否出现了水灾。”

“我知道了，桥洞的水如果涨到 20cm 就是黄色预警，如果涨到 27cm 就是红色预警。”女儿高兴地说道。

有时候放学时看见路边的树开花了，女儿会使劲吸一口气，然后闭上眼睛，悠然地说：“春天来了！”有时候路上有大片的黄黄的落叶，这时候女儿会捡上一片，举在自己眼前，仰望天空，忧郁地说：“唉，秋天来了，大雁马上就要飞走了。”

女儿上一年级的时候，周一和周五都只上半天，其余时间也都是三点多放学。那时候家长们会相约带着孩子一起到小区旁边的小花园玩耍。有时候他们玩捉迷藏，有时候他们一起赏花，一起在草地上打滚，一块儿跳绳、唱京剧、唱歌比赛……

有一年冬天下了不太大的雪，放学回家时，女儿和邻居妮妮一起把路边停放的小车的车头、车尾都堆上小雪人，还自己拍照留念，后来各自滚了一个大雪球拿回家。但随着年级的升高，孩子们也少有这样无忧无虑玩耍的时候了，放学回家的路上也少了许多欢快的身影。

其实放学回家的路不长，也多花不了多少时间，在孩子们紧张地学习了一天之后，家长接他们回家时陪他们走走路、聊聊天，让他们放松一下是很不错的选择。

家长们都觉得亲子时光难寻，其实这样美好的时光每天都可以有，为什么家长没有注意到呢？让孩子去托管班写作业，用电动车、小汽车接孩子回家赶紧写作业，这看起来节省了时间，其实剥夺了孩子放学路上的欢歌笑语。

玩中学，培养兴趣与习惯

陪孩子巧记汉字

“中国字很美，但中国字很难写，要熟练掌握并默写中国字更难。”无论中国人还是外国人可能都有这样一个共识。

中国的孩子从一年级学完拼音后，就开始写汉字，每天六个、八个到十多个，从一年级大概要写到三年级，这个过程漫长而痛苦。孩子们每天回家都是抄写当天学的生字，第二天、第三天再默写。六七岁的孩子写字慢又不理解字义，即使每天看、每天写，结果还是会默写错，不是少个偏旁，就是少写一笔，或是写错偏旁，或是把字写反……

在每次默写错后，老师、家长都要求孩子把错字抄五遍、十遍，但过几天再默写他们还是会错。这样周而复始，三年来孩子痛苦、家长烦恼、老师更是心力交瘁。学中国字真的这么难吗？

女儿上小学之前，我没怎么带她阅读，导致女儿上小学一年级时认识的字不多，直到一年级下学期时她才把独体字基本都认识了。当时我也走了不少弯路：每单元的生字反复听写，听写错的字抄十遍，过一段时间再听写，结果她还错同样的字……就这样，半年下来，同一本书中还是那些第一次错的字她反复地默写错。于是，我开始找原因，有些字为什么一直写错，是因为她不理解那个汉字，一开始就记错了或者记忆模糊吗？经过一年的挫折之后，我突然觉得教孩子学汉字应该讲究方法。

我是学过《汉字学》也看过《说文解字》的，知道每个汉字其实都是有出处的。女儿自己会写的字、好记的独体字我不多讲，但当女儿遇到难以区分的生字时，我会结合《说文解字》给她讲讲。

有一次，女儿“植”、“值”不分，我就指着大树说：“你看大树是不是植物？”女儿说：“对呀！”于是，我借机告诉她古代没有拼音，古人记忆复杂的字时会一半用“会意”的方法，一半用“表音”的方法。“直”的读音用来读“植”和“值”，但是偏旁不一样表达的意思不一样。植物的“植”需要用“木”字旁，而值日的“值”用“人”字旁。女儿立刻明白了：“值日是人在干活，所以用‘人’字旁。”

后来女儿慢慢形成了这种思维习惯：看见一个字，先拆分结构，弄明白每一部分的作用，再去写。这样过了半年，我发现只要她认真写过或者认真记过的字都能默写正确了；查字典时她也能顺利区分哪是偏旁，应该从哪儿入手查。当然，遇到特别难的字她还是会问我："为什么'惑'字要这么写呀？"我问她"或者"的"或"会写吗，她说会。我接着告诉她："'惑'是表示心中有'疑惑'，所以用'心'字底。"经过观察，我觉得女儿的思维已经在分辨怎么拆字、记字了，就对她不做过多要求，也没有刻意按《说文解字》去讲，只讲她熟悉的事物。

这种"拆字记字"的方法特别适合小学生，如果方法掌握得好，还可以通过"联想法"记住更多的汉字。有一次，女儿默写"贪"字时在犹豫，我以为她不会呢，谁知道她说："我在想'贪'是贪钱的意思，古时候的钱是'贝壳'，所以用'贝'字底；'想念'是心里想的，所以'念'字是'心'字底。"刚上三年级的小朋友都会"举一反三"了，看来这个"拆字记字"的方法比机械式地抄写、默写强很多。

让孩子保留"绘画"般的写作天赋

女儿三年级时曾写过一篇游记《雪后爬黄山》，没想到《现代教育报》的"少年文苑"专栏竟然给刊登了，这是女儿第一篇正式发表的作品。此后，很多家长向我打听孩子是怎么学写作文的，每次我都会跟他们分享自己对少儿自由写作的一些心得。

为什么现在很多家长都会晒孩子的绘画作品，却极少有人晒自家宝贝的作文呢？即使没有上过任何绘画辅导班，一般的孩子凭借自己的想象也能画出意境丰富的“作品”，而且父母也不会担心这些作品被其他家长嘲笑，因为在画画方面家长一般对孩子是不设“杠杠”的，他们不会以成人的眼光去要求孩子们。另外，国内各种升学考试对非绘画专业的学生也是没有分数要求的，所以孩子们都爱画画、敢画画，也能体验到绘画的乐趣。

可是对于写作文呢，很多孩子却表现出“苦大仇深”的情绪。究其原因，还是家长们用了过多成人的眼光去看待孩子的作文，使得孩子没有了写作的成就感；家长们“唠唠叨叨”的横加指导，让孩子们体验不到写作的乐趣；有的家长甚至在写作方面一直拿孩子跟自己比，永远觉得孩子写得不够好，让孩子不敢去写……这些都使孩子对作文又惧又怕又恨！于是，家长开始寻找捷径：送孩子上作文培训班，让孩子背《作文大全》，每天练笔写作文……白白浪费了孩子的宝贵时间。

其实，孩子写不好作文很大一部分原因来自家长，是家长的意识和不当指导行为造成的。孩子写作文跟他们画画一样，需要“天马行空”的想象，需要不断地体验，需要有成就感，需要家长“毫不吝啬”地肯定与鼓励。

家长应该怎样一步一步地引导、鼓励孩子爱上写作呢？

首先，我们要让孩子自由写。女儿上二年级后，老师要求他们一天写一篇日记。开始的时候，女儿很发愁，生字不会写，每天也没什么可写的啊。

为了让女儿认识到写日记的趣味性，每当有不同的事情发生时，我就会提醒她这些可以写进日记里；遇到不会写的字时，我就鼓励她用拼音代替。一段时间下来，她还真写了不少，每篇都是不同的小故事，我们后来经常一起读她的“原始日记”，她非常有成就感。

其次，我们要丰富孩子的经历，让他们有东西可写。我从不要求孩子每天写日记，但如果经历了什么不一样的事，我会鼓励孩子写一写。二年级结束后，我带女儿去看了一场电影。电影很感人，女儿看的过程中哭了好几回。看完电影后已经很晚了，但女儿突然很想写，于是一口气写了1500字的“观后感”。虽然只是简单地复述了电影情节，有的地方也不太通顺，我还是表扬了她。

另外，家长平时应该多鼓励孩子阅读，遇到好的词句可以让他们抄下来。女儿一直坚持每天睡前阅读，坚持摘抄好词、好句，现在已经摘抄了满满几大本了，所以写作文时她就有话可写。

家长不要苛求孩子的作文写得面面俱到，也不要一直唠叨“拼音太多啦”、“汉字写错了”、“语序不通了”、“写得太少啊”……这些唠叨会打断孩子的思路，打消他们写作的兴趣。

写作跟画画一样，每个孩子都是有天赋的。他们不需要被教成“千篇一律”，而需要让他们自由写作；他们不需要迎合世俗，而需要让他们有所创新；他们不需要被以成人眼光评判，只需要适当地鼓励与引导。

孩子只有像喜欢画画一样喜欢写作时，他们才可能写出好文章。家长们一定要注意保护好孩子“绘画”般的写作天赋。

我们这样“玩”古诗

女儿一岁多时，我给她买了一套可以点读的拼图卡片，一共 52 张。每张卡片上都有一首古诗，卡片的反面有美丽的图案，可以拼成不同的场景。女儿经常点那卡片上的古诗听，一边听一边玩拼图，不知不觉这些古诗已经深深地嵌入她的脑子里了。

我很赞同《红楼梦》里黛玉教香菱学诗的方法：她要香菱不解释诗意、不刻意研究平仄规律，主要靠自己多读、多领悟。

有一天，我带女儿到小区散步，那天天气凉爽，湛蓝的天空飘着几朵白云，很难得的好天气。突然，两岁多的孩子冒出一句“白云生处有人家”，我接了一句“停车坐爱枫林晚”。我望望天空、瞅瞅女儿，觉得她这句诗用得还挺应景的。那次我心中一惊：原来那些古诗一直在滋养着女儿呢。

小孩子记得快，忘得也快，所以我后来专门买了一副写着古诗的扑克牌。这幅牌上的54首古诗和女儿原来点读过的那些古诗基本差不多。我经常跟孩子玩“收白菜”的游戏，就是用扑克一人一张地出牌，谁遇到与已出的牌相同数字的扑克，就可以把牌收走，算自己的财产，最后谁手上的牌多谁赢。但是有一个条件，收走牌的人必须把那些扑克上的古诗念一遍。我们这样玩着、读着，不久女儿就能背诵那些古诗了。

女儿四岁多时和好朋友一起去爬山，爬着爬着她突然又冒出一句“遥知兄弟登高处”。“咦，怎么想起这半句诗？”我好奇地问。她不屑地看了我一眼，神气地说：“妈妈，我们现在不是在爬山吗？爬山不是登高吗？到了山顶你不是就可以想念一会儿外公外婆和舅舅他们了？要知道亲人过得好不好，就得爬到高处去看！”我不禁哑然失笑。

女儿五岁多时，我们去圆明园玩，那时荷塘里的荷叶嫩绿嫩绿的，像一张张绿毯子似的铺在清澈的水面上。女儿立在荷塘边很久，这儿瞧瞧、那儿看看，嘴里嘟囔着：“小荷才露尖尖角，早有蜻蜓立上头。怎么没看见蜻蜓呢？”我在一旁默默感叹古人的伟大、古诗的博大精深。

后来女儿上小学了，会背的诗也多了，我们就玩猜拳游戏，尤其是长途旅行途中，谁输了就背一首古诗，诗的主题由赢的人指定，主题可以不变，但诗不能重复。冬天，我们一家子赖在床上不想起时，就玩背诗的游戏，三个人轮着背一个限定的主题，比如送别的诗，我们一人一首地背，谁接不下来就算输了。

女儿三年级时，她心中已然储存了一定量的古诗，我就尝试着让她品读一些古代名诗，每两天一首，或三五天一首，可以随心随性地品读。先在本子上默写或者抄写一首古诗，然后在下面写出自己的见解。

有时候女儿看历史类的书，读到一位她熟悉的诗人，或我们去某位诗人的故居参观，她都会把那位诗人写的诗找出来读一读。

我带女儿这样“玩”古诗，目的不是让孩子会背多少首古诗，只是为了让古诗词走进她的心底，让中国传统经典文化一直滋养她的心灵。

创办流动图书馆

女儿一年级时，在得知学校要办“亲子阅读分享会”之后，我突发奇想：既然学校的图书可以共享，那我们几个经常在一起玩的小朋友也可以相互交换图书看呀。这样的话，一方面可以知道别的同学都在看哪些好书，一方面也可以节省一些不必要的开支。

我们几个家长就建了一个“书友微信群”，大家把家里图书的照片发到群里，哪位小朋友的家长先订就先借给谁看。这样一来，几套口碑好的、可读性高的系列图书就在群里流通了起来。这家孩子看完了直接传给下一家想看的孩子，只要在群里说一声就行。每位家长可以根据自家孩子的喜好，自由选择先看哪套，后看哪套。

起初，我们群里一共四个孩子，每个孩子进步都很大。女儿的阅读速度一下就提升了不少，一套《托马斯和朋友》9 本，一般一周就读完了，还能复习一遍呢！她的识字能力也提高了，国庆节放假时还不能自己做题呢，到 11 月底时就能单独完成数学试卷，不需要家长给读题了。另外，女儿的阅读范围也广了，原来她比较喜欢读公主类的书，后来中外小说、绘本、童话故事、科普类的图书也都愿意阅读了。最重要的是，她在这一过程中还养成了良好的阅读习惯，因为是借的书，着急还，还因为还了就没有了，所以每次阅读她都会在遇到好词好句时让我马上给她抄下来。

女儿每天会固定看书半小时以上，一次读一本。每次借到一套书，她都会跟我一起计划：多久看完？哪天还？她得留出时间复习一遍。还有，女儿阅读的时候都有固定的地方，她不会随意地躺着读、靠着读，不会把书折角（一般都用书签）。女儿很爱惜书本，爱书是爱阅读的开始。

我听另两位小朋友的妈妈说她们的孩子进步也很大，愿意自己看书了，并且也认识了不少字，都说“孩子有一个突飞猛进”的发展。

连平时最不爱看书的小刘，也愿意每天跟妈妈一起读了，并开始关注自己书籍的去向。有一次，他发现自己的《不一样的卡梅拉》不见了，还一个劲儿地问妈妈书去哪儿了。

第二学期我们实行了“扩招”，女儿班里有一半同学的家长都加入了“书友群”。后来在班主任的支持下，我们利用一年级六一儿童节的契机创办了班级“流动图书馆”。经过两年多的家长引导，三年级时这个班的小朋友们都开始自觉自愿地互相借阅书籍了。据班主任统计，孩子们有的已经阅读完了《查理九世》，有的阅读完了《哈利·波特》，有的阅读完了罗拉的《小木屋》系列，有的阅读完了全套的《荒野求生》，甚至有的同学都开始阅读原版的四大名著了。这些好的书籍也成了同学们课间讨论的热点。

没有孩子天生不爱读书，只要家长耐心帮忙培养阅读习惯，就能让孩子爱上读书；如果有一群家长用心引导一个团队阅读，就能让一群孩子爱上阅读。

怎样让孩子迷上阅读

有一次，女儿因为复习功课到很晚而不能进行睡前阅读，倍感委屈。为了安慰她的情绪，我迅速上网给她买她最近准备阅读的书籍:《写给儿童的中国地理》、《贝贝熊系列丛书》第五辑。

我找了半天，结果发现《贝贝熊系列丛书》没出第五辑，而《写给儿童的中国地理》也缺货，怎么办？女儿居然到了“吃书”的地步，买书根本跟不上她读的速度啊。

想想女儿上一年级时基本认不了几个字，那时候她经常闹笑话，有一段时间我也曾为此而焦虑过。

一年级第一学期学了拼音后，学校要求他们读拼音版的《小猪唏哩呼噜》，刚开始我每天跟孩子一起读几页，大概读了十章左右，我看女儿的兴趣有了，就故意放慢速度，一天只读一章，结果她着急了。我一看机会来了，就让她写完作业后自己看。这个方法还真管用，只见孩子拿书坐在屋子中间，一边看，一边念拼音，相当认真和专注。

每天她都早早地写完作业，然后迫不及待地拿起书读，读着读着，我发现她没有那么多不认识的字了，读到下册时，她基本不读拼音了。我问她为什么，所有的字都认识了吗？女儿告诉我：“我把不认识的字跳过去，上下文联系起来也知道意思，看拼音太慢。”

看完这套书后，我给女儿买了彩图注音版的《影响孩子一生的世界名著》，一共有20本。在这套书中，孩子最喜欢《八十天环游地球》、《假如给我三天光明》、《格列佛游记》等。

看完这20本书，女儿上到二年级了，这期间我也没限制她看她喜欢的公主类的绘本，还鼓励她和同学之间互相借阅。孩子连续两年被学校评为“阅读小达人”，她对阅读的兴趣越来越浓。到二年级第二学期时，女儿开始看儿童版的四大名著。那时女儿通过两期的硬笔书法学习，字写得漂亮了，就不愿意让我给她抄好词好句了。

快上三年级时，我给女儿买了一套没有注音的小说《小木屋》，一共9本，那套书里的好句非常多。三年级学校布置的家庭作业一下多了，女儿因为写作业不能好好看小说，非常着急，我就劝她一天只看一章，周末再尽情地看，这样不到一学期，孩子终于看完了这套书。只是书中的好句太多，抄起来非常费劲、费时，我就建议女儿看《小牛顿科学馆》，这套书不需要摘抄好词，孩子可以一边看一边抄《小木屋》中的好句好段。就这样配合着，女儿看完了大半套“小牛顿”，喜欢上了科普书，把小时候我给她读过的《最美的法布尔昆虫记》、《神奇校车》又看了一遍。

三年级下半学期，女儿又看了一套《窗边的小豆豆》，那时她已经非常喜欢写作，陆续在报刊上发表了一些小作文。在这期间，女儿又迷上了历史，在看了一套《写给儿童的中国历史》之后，又看了一套漫画版《上下五千年》，后来又看了《写给儿童的世界历史》。

到了四年级时，女儿已经迫不及待地要看成人版的小说了。她利用假期和每天的睡前阅读，先后看完了《爱的教育》、《鲁滨孙漂流记》、《八十天环游地球》、《飘》等多本成人小说，又看了曹文轩的《草房子》、《青铜葵花》等。到此，我确信女儿是迷上了阅读。

家长在培养孩子阅读上，既要有所限制，不能一味由着孩子看某类书，也要适当放宽要求，不要过早让孩子写读后感；要让孩子读自己喜欢的类型的书籍，但不要让他们随心所欲地读书，起码的要求是一本一本地读完，不能半途而废。

为了让孩子爱上阅读，家长必须积极参与，最好以身作则。如果家长从来不陪孩子读书，自己也不热爱阅读，那么就别想孩子顺利爱上阅读了。

学好才艺贵在坚持

女儿刚开始学钢琴的时候兴趣很浓，大概学了有半年多，也就是上双手的曲子时，她得自己把左右手合起来，那是很有难度的，顾得上左手顾不上右手，她性格又急躁，几遍合不成功就打自己的手，也有时会发脾气不练了。

每到这时，我就会坐在旁边鼓励她，只要一遍能弹下来，不管对不对我都鼓掌。我会劝她先多练几天单手的，等两只手都练熟了，再左右手合弹，也不用刻意去对谱子，只要左手弹左手的、右手弹右手的，单手的节奏都准确，合起来自然就对了。孩子犯懒的时候总找借口停下来说话，我就站在她身后，要求她不管弹什么曲子，都要弹完再说话，中途不能停留，要保持乐曲的完整性。事实证明，这一点在后来的练习中的确很管用，女儿不管练多长的曲子，总喜欢一口气弹完。

因此，在孩子刚开始学才艺的过程中，家长的陪伴、软硬兼施的手段都是必要的。

女儿学钢琴的同时还学习了琵琶，在她学习这两门乐器的过程中，我们也曾经手忙脚乱。钢琴最好天天练，学校琵琶声部一星期有一次课、民乐团排练有一次课。这两种乐器的弹奏方法大相径庭，如果学完琵琶回家又接着练钢琴，效果也不太好。于是，我们决定有民乐课的那两天不练钢琴，其他五天每天多练一会儿。周六、周日上午练琵琶、下午练钢琴，这样岔开练习。

女儿除了每周去上一次芭蕾舞课，一直到五年级也没有给她增加别的课外班，为的是尽量保证她练琴的时间和应有的玩耍时间。

孩子练习这两种乐器都不需要我陪伴，她自己分配时间，练的时候我就远远地听着，也不给她提任何批评性意见。在日复一日的坚持中，在年复一年的练习中，女儿很自然地就爱上了音乐。

可见，在漫长的学艺过程中，家长的放手和理智、孩子的坚持和勤练都是必不可少的。

经常有家长向我打听，你女儿是如何做到同时学中西两种不同的乐器还不厌烦的？我所知道的就是：首先我自己爱音乐，愿意陪孩子一起坚持；我们学才艺的初衷不是为了升学，没有功利性的目的，家长和孩子就都是轻松的，不会随着政策的朝令夕改而改变学艺道路；我们也没有贪多的心态，不会给孩子报越来越多的课外班。

学艺，可不是家长认为孩子要学，就一定能学好的。坚持学好才艺，还看孩子是否真愿意学，是否真有兴趣。

如何减少孩子对电子产品的迷恋

在这个信息瞬息万变的时代，各种电子产品日新月异，不让孩子接触电子产品已经是不可能的事了。学校布置的很多作业需要在网络上进行，各种英语视频需要在电子设备上观看，才艺班、培训班的老师们也喜欢在 APP 上留各种学习视频、课后作业……

在路上，大一些的学生手里拿着手机，一边走一边看，不知在学习还是在看什么。

如何减少孩子们对电子产品的迷恋呢？

首先，我选择不陪女儿看动画片。女儿还小的时候，除了电视不怎么接触其他电子产品。当时热播的《喜羊羊与灰太狼》、《大头儿子小头爸爸》等，我不阻止孩子看，但她看时我也不陪着。如果父母陪着孩子看，孩子觉得有伴，会更起劲；如果父母也看过一样的动画片，孩子聊起来你就会知道细节，孩子发现父母跟自己有共同话题，他们看动画片更来劲。

女儿看动画片时总是孤零零一个人，而如果不看电视，我就会陪她看书，她可以待在我身边，这两者的差别那么明显，久而久之，孩子没那么爱看动画片了。

其次，让孩子少看电视剧也有技巧。跟孩子一起看一部电视剧的头几集后，我就帮孩子猜剧情、猜结局。偶尔猜到几次之后，孩子开始不那么愿意一集一集地等了，她会特别期待结局是否像我猜的那样。这时我就会鼓励她在网上看电视剧的最后几集，并且告诉她看这个没有电视广告。慢慢地，孩子对电视剧的热情骤减，看到什么热播剧也只愿意看看前几集，不愿花时间一集一集地追着看了。

那么，为什么要让孩子看电视剧呢？因为孩子们在学校时也会像大人一样经常讨论电视剧，如果家长从来不让孩子看，别的同学聊起这个话题，你的孩子就会插不上话，慢慢地就可能不着痕迹地被孤立了。

孩子再大一些后，他们可能会痴迷于一些电子游戏，这时家长要想办法帮孩子克制。小学生们大都会玩几种游戏，并且他们会以自己的积分等炫耀自己的能力。如果你的孩子一点不会玩，可能会被同学嘲笑，生出自卑感。我对孩子的要求是完成作业后可以玩几分钟游戏，但我自己不玩。我的手机上从来没下载过游戏，另外我也的确不会玩，女儿玩游戏也是孤独地玩，一点儿也不能跟我分享。

还有一招就是，孩子玩游戏时我会故意打扰她，不停地夸她或问她问题，让她分心。这样一来，有些闯关游戏她根本无法专心玩下去，一会儿她自己就觉得没意思，不玩了。

最重要的一点是，家长要让孩子知道电子产品不仅可以玩，还有更重要的用途：英语的视频作业可以用手机录下后上传；遇到不会的问题可以上百度查；同学之间互相问作业、讨论问题，都可以通过网络通信工具来实现……

我不主张家长把孩子和自己的事都揽到自己的手机上，这样其实监控不了孩子玩手机，也无法让孩子真正意识到电子产品给他们带来的便利，更无法明白“手机不是为了玩游戏才买的”。

家长们要尽量给孩子准备他们专用的电子产品，俗话说“物以稀为贵”，你越不给他，他越觉得珍贵、越稀罕。一旦背着家长，他们对电子产品的迷恋就会爆棚，逮着机会就不停地玩。

如何让孩子不那么迷恋电子产品，这需要家长们的智慧和不断地摸索，更需要孩子和家长共同克制。

孩子需要一个学校社团

女儿所在的学校社团是民乐团的琵琶声部，这个社团虽然成立的时间不长，但女儿受益良多。

孩子在学校有一个社团，她才能跟着一个团体去坚持他们的才艺。

琵琶声部有九个女生，她们来自不同的年级，女儿是其中年龄最小的。这几年，在学校、老师和家长的支持下，孩子们一起把学琵琶坚持下来了。

社团的老师通常是很负责任的。女儿的琵琶老师对孩子们时时充满浓浓的关怀和殷切的爱。她爱琵琶、爱音乐，更爱孩子，无论刮风下雨，她都会准时来学校给孩子们上课。她认真对待每一节课，亲手指导每一个学生，像对待自己的孩子一样细抠每位学生的优缺点，耐心地帮姑娘们纠正每个音符、每个动作。她有一份寻找和培养琵琶接班人的决心，有一份想要发扬中国古典乐器的诚心，更有一份对孩子们殷切的期盼之心。

社团学习也离不开家长们的支持与陪伴。每周两次的琵琶课，学的时候家长要陪学，练的时候家长还得陪练。每次我们琵琶声部的九位家长总是早早到场，在陪的过程中我们学会了调音和换弦。

社团学习更需要孩子们自己的坚持。学琵琶的第一个寒假，学校成立了民乐团微信小组群，要求孩子们每天把练习过的曲子发视频到群里，孩子们认真极了，每天练、每天发，个个跟比赛似的。有时候女儿右手按弦的手指头都裂口了，还不间断地练着。有一年春节我们去了南方，途经好几个省份，那段时间车上一直都载着琵琶。

孩子在学校有一个社团，他们会有集体存在感。女儿四岁多就学钢琴，六岁多学琵琶，所以她的乐理知识要比有些师姐强。在民乐团全体排练时，女儿的音乐优势比较明显，节奏感也不错，所以乐团指挥偶尔会夸她。孩子越受到表扬，她的集体存在感越好，越喜欢这个社团。

孩子在学校有一个社团，还有利于培养他们的团队意识。女儿所在的民乐团成立三年多，先后参加了三次比赛、两次展演，每次都是利用休息时间加急排练，孩子们从来不喊累、不叫苦。乐团里有八个声部、六十多名同学，不管哪次练习，不管哪个同学或哪个声部出了错，其他的声部都要陪着重来，孩子们每次都乐呵呵地跟着重练，没有一个去抱怨。如果是本声部出了错，孩子们会利用课间休息的时间，自己声部队员一起反复练习，直到不出错为止。

课间休息的时候，孩子们也很团结，他们一起吃零食、一起玩耍、一起讨论学校趣事。比赛和表演的日子，孩子们就更加团结友爱了，他们通常在剧场的后台一待就是一整天，男生女生都能和睦相处，没有打架斗嘴的，没有到处瞎跑闲逛的。

让孩子在学校至少有一个社团，他们会在这个团队里学会配合他人，体现出自己的价值、找到自己的存在感。

如何让孩子学会时间管理

总有家长跟孩子说:“孩子，你要好好努力!”这样的话，我却说不出口，我觉得不用刻意强调让孩子努力，只要家长做好榜样，和孩子一起不辜负好时光，就是在努力。

女儿在教室里面学英语时，我通常是拿一本小说读，第一节课四十分钟，能看半本小说；等孩子课间休息时，跟她说说话，问问课上学习、默写单词的情况。

可是这两个多小时里，不少爸爸妈妈拿着手机挂着免费网络在追剧，有的在聊天。家长自己如此之闲，为何让孩子一天上几个培训班？甚至连吃饭的时间都没给他们留，只能买外卖让他们在车上吃？

我很想对这些家长说：平常注意利用好时间，让孩子学会时间管理比上多少培训班都强!

早上起床，孩子可以一边洗脸刷牙一边听听古诗音频，有音乐也有诗词朗诵，不管能记住多少，一直坚持听，时间久了也会有感觉。有时候早上的时光也可以听听英语，都是孩子学过的，稍微听听加深印象，也顺便练练听力。早上从起床到吃完饭出家门，少说也有半小时时间，这半小时利用好了，日积月累，你的孩子一个月就比别的小朋友多学了十多个小时，这不比你刻意让他上培训班来得合适吗？

孩子在学校的时光做家长的没法控制，但是放学回家后的时间是可以充分利用的。

如果单程走路不超过30分钟的话，最好是走路回家，一来缓解孩子学习了一天的压力，二来可以利用这段时间充分地进行亲子沟通，深入地了解一下孩子在学校的学习生活情况。无论上学、放学我都一直坚持和孩子一起步行，在路上我有时候会要求她背一背前一天老师要求背诵的课文，有时候她会扮演英语课本剧中的人物，一边走一边用英语演练，这样既练了口语，又加深了对课文的印象，关键是路上没有别人关注，她说起英语来很轻松。

晚上写完作业后，我一般不会主动给孩子加题，她自愿看书、画画、做手工、玩小玩具都可以，我有时候会鼓励她利用课堂知识给毛绒动物讲课。孩子一边絮絮叨叨地讲，一边回忆上课的内容，一边过瘾地扮演老师的角色，很是惬意。我在一旁偷听着，就知道她哪些知识还有欠缺，如果孩子不主动问我，我是不会去打断她的教课的，但当她正式复习时，我就会根据她讲课时的状态给她一些复习建议。

与其每天给孩子加大量的作业，不如找一些他愿意做的事，以他能接受的方式，让他利用好碎片时间。

还有个黄金时段是不能忽视的，就是孩子每天洗漱完准备睡觉前那30分钟，这时候阅读有利于孩子安静下来，这种慢慢安静的状态便于孩子快速入睡。睡前记忆力好，阅读的效果好，每天睡前的时间好固定，可以很容易就保持这个好习惯。

女儿从一年级起才开始的自主阅读，但她一直坚持，现在已经上瘾了，如果临睡前不看书，她反而不习惯。从一年级到四年级，女儿靠睡前时间阅读的书籍不下500本，小说、儿童文学、科普、历史、地理，她都愿意涉猎，这比那些去上阅读、写作培训班的孩子轻松多了。

不负好时光，就是努力。家长和孩子一起努力，才是真正的努力。没有理由让孩子一个人去孤军奋战，把孩子的课外时间安排得满满的，而家长却在那里追肥皂剧、玩手机游戏，这样的家长不是爱孩子，而是想利用孩子将来的所谓成功来证明自己。

教育孩子的王道，是执着地栽培自己，更是巧妙地利用时间！

会玩，也是一种能力

网上曾报道说有一个三十多岁的男子，把他七十多岁的双亲杀死在家里，一个人出去闲逛，被警察发现，这才暴露了。据说，这家父母都是知识分子，孩子小时候也挺听话，就是不爱出门、不会玩，长期宅在家里，到三十多岁还找不到媳妇，又没有工作，出事前的一天他母亲还在跟邻居说替儿子发愁。

回忆一下陪孩子的这几年光景，幸亏女儿会玩。

有一年春节前夕，我们带着女儿回湖南老家去陪父母过年，女儿和三位表姐妹玩捉迷藏、玩跑男游戏、画画、下棋，而这些游戏都是由女儿提议的。大姑看女儿毫不嫌弃地躲在黑暗的房间里，等姐妹们来找，就好奇地问："瑶瑶，你不嫌农村脏吗？到处都是灰。"

"姑奶奶，这没什么可嫌弃的，脏了可以洗啊，我妈给外婆买了洗衣机。"

"你在农村过夜不嫌冷吗?"大姑接着问。

"不太冷啊！我小时候都不怕，现在大了，更不怕了。"女儿坦率地回答。

大姑后来告诉我她们家的外孙女、孙女都嫌农村脏、冷，不愿在她家住。我告诉大姑，会玩的孩子适应能力强。

女儿四年级时，我们去长沙旅游，同学热情地邀请我们全家去聚会，我一点没犹豫就拒绝了，当时电话那头一阵沉默，正尴尬时，女儿抢过电话说："阿姨，你们家的小妹妹去吗？您带小妹妹去吧，我想跟她玩!""好、好……"同学欣然答应，我也捏一把汗，这孩子算是给我打了圆场。不想打扰同学是因为她有两个孩子，大儿子才六岁，小女儿才两岁多，她又带孩子又上班，挺忙的，我也怕女儿跟她家两个小朋友处不好，弄得大人们尴尬。

到饭店一看除了同学家的俩孩子，还有她同事家的女儿，那女孩看起来也就六岁左右。而且，另一位同学艳也带着儿子哲一起来了。我长长地吸了一口气，这么多孩子，万一有点小摩擦，大人该怎么处啊？这时几个大点的小孩都在饭店的小舞台上跳舞，我叫女儿上去，她不去。哲看见女儿来了，过来打招呼，女儿跟他嘀咕了一声，把手机掏出来给他。于是哲坐下来安静地玩游戏，女儿坐在他旁边看，这时同学两岁多的小女儿在睡觉，舞台上的两个孩子也过来了，安静地坐在女儿身边。哲在手机上闯关，他们三人观战，直到家长们喊吃饭。饭桌上，四个孩子也都文静地、友好地吃饭，谁也没有抢，谁也没有争吵。

小朋友们快快乐乐地把饭吃完了，这时小女孩醒了，我女儿便跑过去逗小妹妹，一会儿摸摸她的头，一会儿亲亲她的脸，一会儿抱抱她，逗得小妹妹很快乐，同学和她老公也很开心。我悬着的心终于放下了，很是欣慰。

女儿这种会玩的能力，很容易就化解了我的尴尬处境，我和两位同学既相聚又畅聊了，孩子们也相处得很不错。看来，会玩的孩子，协调能力会很强。

在这个开放的社会，你不得不认识到：会玩，的确是一种能力。小朋友可以在玩中学习、交友、不断适应新环境。因此，我不但不反对孩子适量地看电视、适量地玩游戏，而且还陪孩子玩自拍、看电视、放风筝、爬山、旅游、骑车、跳绳、滑雪……

期待孩子们都有时间玩、都会玩，不要被才艺课、文化课所压倒！

和孩子共同做一件事

女儿上一年级时，一个朋友给了我十几条小蚕宝宝，我满怀信心地想养好。我虚心地请教其他妈妈们，每天带着孩子满世界地去找桑叶，从这个小区逛到那个小区……虽然第一批蚕宝宝让我养得精瘦精瘦的，但它们到底还是吐丝结茧了。

有了第一次养蚕的经验，我决定接着再养一批，并且号召女儿同学的家长一起养。那次的蚕宝宝养得不错，个个白白胖胖的，后来我还留了一些蚕卵。

第二年开春，蚕卵逐渐孵化了，我让女儿跟我一起给蚕宝宝搭窝，让她观察未孵化的蚕卵和刚刚孵化出来的小蚕宝宝。女儿开心地说："原来蚕从小是黑色的呀！没孵化的时候是黑溜溜的，刚爬出来的时候也是小黑虫子呀！"又过了几天，小蚕的脑袋变白了，大概两周左右，蚕宝宝变得全身白白的，不再呈黑色了。"妈妈，桑叶可真神奇呀！小蚕吃着吃着，就变这么白、这么漂亮了！"女儿快乐而惊奇地说。

再后来蚕变得又胖又圆又白，这时它们会仰起脑袋，找可以吐丝的架子，不再吃食。我们把它们转移进搭好绳架的鞋盒里，蚕姑娘们就开始吐丝了。它们有的吐出白色的丝，有的吐出黄色的丝，满盒子白莹莹、黄晶晶的蚕茧，漂亮极了。

养蚕很好地锻炼了孩子的观察能力。

养蚕跟养别的小动物不一样，蚕宝宝不能沾水、不能吹风，得精心呵护。女儿一有空就陪我去摘桑叶，她有一次听一位奶奶说给蚕吃的桑叶得用卫生纸擦干净，不能沾一点儿水，于是每次喂蚕之前她都拿纸认真地擦桑叶。有的时候我们周末要出去，不管走到哪里，女儿都要带着蚕宝宝们，坐车时把蚕盒放在她腿上，生怕我把蚕宝宝颠簸出去。蚕宝宝很小的时候，一天只喂一次桑叶，两周左右的时候一天得喂两次，再后来一天得喂四次，所以女儿每次放学回来第一句话就是："喂蚕了吗？"

养蚕很好地培养了孩子的责任心，让她知道对自己养的小动物要负责到底，要时刻关心。

另外，蚕宝宝吃得多、拉得多，需要每天为它们清理粪便和残桑叶。蚕还是很干净的动物，不能用手摸，不能用东西捏它们的身体，不然它们脱皮的时候会很疼，皮不容易蜕下来。每次给蚕换桑叶时，得先把新鲜桑叶撒在上面，蚕是很灵性的小东西，一来新鲜的桑叶它们会立即放弃旧桑叶，爬过去吃新的。等它们爬上来开始吃时，我们就可以趁机把蚕带桑叶捞出，放在一处，然后把里面的残桑叶一片一片拣出来，如果残桑叶上有蚕，得用新鲜桑叶把它们扫下来，跟残桑叶分开，等把蚕窝里的粪便、残桑叶都清干净了，就可以把蚕和新桑叶放回蚕窝去了。

这个过程很烦琐，在培养孩子耐心的同时，也能让他们体会到父母养育自己的不容易。

女儿经常拿着装蚕的盒子去让更多的小朋友观察，告诉小朋友们一些养蚕的知识，强调蚕虽然只吃桑叶却能吐出漂亮的丝，丝可以为人类做漂亮的衣服。女儿还鼓励别的小朋友也养蚕，并叮嘱他们要善待蚕宝宝。

养蚕无形中又培养了孩子的爱心。

原来还真有不着急长的蚕啊，别人都结茧好久了，它还在吃。这个体验让女儿知道了挑食的坏处，明白错过了成长期就是错过了，得自己为自己负责。渐渐地，孩子会自己主动要求加饭了。

经过两年的养蚕参与和观察，三年级时女儿在北京《现代教育报》上发表了《养蚕记》，吸引了很多小朋友向她取经学养蚕。这是和孩子一起养蚕的又一个收获：在实践中收获的知识远远大于书本。

我原来只知道李商隐的“春蚕到死丝方尽”，却不知道原来蚕是如此听话、如此干净、如此有灵性的小生物，更不知道和孩子一起养蚕会有这诸多好处。

育儿三法：陪孩子阅读、运动和劳动

回忆这十多年来的育儿经历，也参考了身边一些优秀父母的教育经验，我总结出了简单易行的育儿三法：去阅读、去运动、去劳动。

阅读可以强健大脑，亲子阅读更可以增进感情。从孩子很小的时候起，我们就可以给他们读唐诗或者小故事了，再大一点的时候可以给他们读绘本。

大概到了幼儿园中班或大班，有的孩子就可以自己读绘本了，也可以家长先读一段，孩子再读一段，这个过程中孩子能积累词汇、体会语境，还会认识很多字。到了小学，一些小朋友学过拼音之后，就不爱看绘本了，这时家长可以为他们选些儿童版的中外名著读。差不多到了三四年级，在掌握了常见汉字后，家长就可以让他们读一读儿童文学和科普类的书籍。再大一些，孩子就可以看原著小说了，也可以欣赏一些好的散文、诗歌。

女儿读过的书我都会去读一读，这样我就可以经常跟孩子讨论书中的人物、情节，明白孩子的内心发展过程，我们之间也会有更多共同话题。陪孩子一起阅读，陪孩子的“心”慢慢长大，这才是真正的“陪”。

在孩子成长的过程中，父母一定要陪他们做的事还有运动。孩子有了良好的运动能力，有了强健的体魄，他们才会有争取一切幸福的资本。孩子从蹒跚学步起，我们就应该多带他们走路，尽量少用手推车，也不要老抱着。再大一点，孩子可以学滑板车、学溜冰、学游泳。在孩子上小学后，我们可以多带孩子跳绳、做仰卧起坐、做俯卧撑，也可以多带孩子骑自行车、跑步，最好能坚持每天陪孩子走路上下学。为了孩子们有一个强健的体魄，请父母放下手机、离开电脑、关掉电视，带孩子到户外去运动吧！

还有一个更简单的“陪孩子”的方法，就是我们干家务时把孩子也叫过去，让他们在旁边看着，先学然后动手做。别用成人的思维去想孩子，他们其实都很愿意干呢！

小时候只要能跟爸爸妈妈在一起劳动，不管是锄草还是插秧、割稻，我都十分高兴，一点也不觉得累。别因为怕孩子弄糟就不让他们动手，我们得给他们犯错的机会，这样他们才会去改正、去努力、去成长。

家长有时候可以“懒”一点，最初可以让孩子帮忙拿个拖鞋、拿一下餐巾纸、摆一摆筷子。两三岁时可以让他们自己叠衣服、帮忙收拾家。大一点了也可以让他们扫扫地、洗洗小衣服。再大一点就可以刷刷碗、择择菜、帮忙做饭了。有的小朋友二三年级就能自己煮饭、拌凉菜、做西红柿炒鸡蛋了……做这些事，孩子会很有成就感。请家长们不要“吝啬”给孩子机会，也不要用金钱去鼓励，只要我们耐心点、放心点、狠心点，放手让孩子去做，而我们能在旁边陪着他们，他们都会非常乐意的。

我们应该让孩子从小知道自己是个“综合体”：不光要学习努力，要身体强健，还要拥有提高自己生活质量的能力。

在一些家长眼里，我的做法也许他们会觉得很“另类”。在“成绩至上”的年代，你却一直强调阅读、运动和劳动。但是从长远看，孩子需要综合发展自己，家长不应该一直去安排并占有他们的时间。家长也不应该每天只是匆忙地送他们去各种培训班，而应该用心地“陪伴”他们成长。

现在，女儿一直乐观自信，已经连续四年被评为学校“阅读小达人”，体育测试连年优秀。她的运动能力超强，爬山永远跑在最前头，滑冰、滑雪、骑自行车全是自学，没请过教练。在劳动方面只要我说一声，不管洗衣服还是刷碗、扫地、做饭她都十分乐意干，而且还经常主动要求给我和她爸爸洗脚、捶背。

陪孩子阅读、运动和劳动，这三种育儿法简单方便，投资也不大，所有家长都可以而且应该做到。

提升篇

旅行 + 阅读，赛过培训班

带着书去旅行，在旅行中，孩子的各种能力依然可以有效提高。问路、点早餐都是孩子们去办，坐车、吃快餐他们付账，买东西他们砍价，逛书店他们自己挑书。自己打理自己的衣物、自己洗头洗澡、自己决定每天的零花钱买什么东西。孩子们的独立能力得到了锻炼，处事能力和交流能力也提升了不少。

旅行，是另一种教养

带孩子看人、看海、看世界

早在女儿幼儿园读绘本《豪华游轮海上之旅》时，她就非常期望有一场游轮旅行。终于等到时机成熟，我们出发了。

第一次真正到大海上，看着脚下滚滚的波涛，女儿非常激动。

第一天吃晚餐时，女儿认识了高级餐厅主管——一位友好的意大利人，他很喜欢女儿，他们很快成了忘年交。

我还带女儿去参加了一场披萨制作大赛。孩子们跟意大利厨师一起做着、玩着、闹着，非常开心。从来不吃披萨的女儿也破天荒地吃起了披萨。

然而所有的旅途都不会一帆风顺，依然会有坎坷和不测。这时候，我们除了坚强地忍耐，还需要相信风雨之后彩虹就会出现。

我们的船在第二天晚上遇到了大风浪，开始不停地颠簸，孩子们开始犯晕，接着呕吐。女儿在餐桌上吐了两次，吐完了没食欲，就趴在桌子上睡了。我勉强吃了几口东西，扶着孩子上楼睡觉。从6楼到9楼，我们使出了浑身的力气，才勉强爬上去。

回到房间，女儿又吐了三次，我也晕得不行，站的力气都没有。夜里风雨不断，船一直颠簸不止。人睡在床上，感觉床也随着大浪一起翻滚，不时得抓住床的边缘才不至于摔下去。女儿不停地说梦话，还几次滚下床去，我不得不时刻盯着她，不敢踏实地睡。

第三天早上阳光万丈，大海已经停止了咆哮，晕船的折磨终于过去了，我们对接下来的旅程又有了新的期待。

轮船到达日本长崎时，已经接近中午。全体游客都下船，然后排了一个多小时的长队，出关、边检、安检、集合，一车四十多人，随导游去了日本的和平公园。

导游介绍了和平公园的来历：原子弹落到长崎上空导致当地人干渴而死，建造这个公园实际上就是祈祷世界和平的意思。女儿看见那些想喝水的儿童雕像时很伤心，一个劲儿地问我："妈妈，真的有小女孩喝了有毒的水死了吗？这些雕像都是那些渴死的小朋友吗？我希望世界和平，希望以后所有的国家都不要打仗了！"

一颗崇尚和平的种子就此在女儿的心中悄悄种下，在以后的若干年里，每逢听说有战争发生，女儿都是一副极力反对的样子。

旅程快要结束的时候，女儿因为身着唐装而有幸与一个船方的意大利长官结识，他们还合影留念。

我们还发现北京陶然亭公园的大妈们居然组团来游轮上跳水兵舞，一共 68 人。这真是一种传播中国文化不错的方式。

真到了分别的时候，女儿突然悲伤起来，哭得稀里哗啦。她的确舍不得离开她新交的那些意大利朋友们，因为女儿在这里第一次感受到来自陌生成年人的平等的爱和尊重。

这一趟海上旅行前后进行了六天，来自世界各地的游客和友好的游船工作人员，大海的平静与咆哮，外国朋友们对待游客及小朋友的态度，都让女儿记忆深刻。

带着孩子看人、看海、看世界，就是对孩子一种很好的陪伴。

让孩子在旅行中增长见识

每到期末，往往考试还没结束，家长们就紧锣密鼓地给孩子报各种培训班、夏令营、跟团游等。这时候，我一般会克制自己，不去跟风，因为我知道女儿想要什么样的假期，什么样的假期才是对孩子最好的。

我们家一贯的作风是：带着书去旅行，让孩子在旅程中边玩边学。算账、记账、写作、查攻略，一应技能随着一次次出行，女儿也是越来越娴熟。

我们喜欢自驾游，孩子也已经养成了习惯。在漫长的旅途中，她除了在车上听听英语、睡觉，最喜欢的就是听我讲故事。晚上睡觉之前一定要阅读的习惯也不会因为旅游而改变，所以我们随车都会带着书。

寒假是比暑假更放松的一段完整的时间。寒假除了探亲，我们也会借机拐到不太远的景点看看，爬山的次数比较多。

爬山的好处不仅在于锻炼身体、磨炼意志，更是丰富孩子阅历的好办法。有一年我们在大雪后爬黄山，爬得比较艰辛，但也看到了罕见的雪松。这次独特的体验成就了孩子的那篇《雪后爬黄山》，这篇文章后来还在《现代教育报》发表了。

寒假的另一个活动就是滑雪。孩子在一年级时就爱上了滑雪，可惜我和她爸爸都不会滑，女儿一个人滑得没劲儿，但又非常想滑，我们便专门请教练培训了两天，终于，我们一家三口可以潇洒地一起出现在滑道上了。

和孩子玩到一起的感觉真好，滑雪时女儿欢快地唱啊、笑啊。看到孩子如此快乐，我们准备把滑雪当作每年寒假的家庭保留活动。

连续滑了几年雪，孩子的滑雪技术迅速提高，而且在各种滑雪体验之后，女儿还写了一篇《第一次滑雪》，后来也在《现代教育报》发表了。所以不管孩子去哪里旅行、在哪里玩耍，她的收获远远大于你看到的。

把假期还给孩子，让孩子在旅行中增长见识，这才是假期本该有的内涵和意义。

让孩子自由探索书本之外的美

女儿三岁多学跳舞、四岁多学钢琴、五岁多自主阅读、六岁多学琵琶、七岁多开始写日记、八岁学书法……我们做这么多，只是为了让她尽情体验各种不同形式的美。

和女儿在一起时，无论她给小区的老人开电梯，还是帮助盲人过马路，或是给骑车的邻居开大门，我都会站在她身后，把好事让给她做，然后我会竖起大拇指冲她微微一笑。去大自然中玩耍亦是如此，她可以自由地奔跑、嬉戏，也可以蹚水、玩冰，甚至可以在草地上自由打滚。

有一次，女儿总是背不下来《美丽的北海公园》这篇课文，于是我带她去了北海。她看看那里的白塔，摸摸那里的古树，到五龙亭又数了数亭顶横梁上雕刻的龙……后来她就一字不差地记住了那篇文章。

在生活中，我也总是千方百计去引导女儿。开始是阅读，我为孩子建了一个“书友群”，让她爱上阅读，并带动班上的同学一起阅读，大家一起体验、分享文字之美。每到节假日，我会带孩子到各个公园、旅游景区逛逛，回家后立即引导她把记忆最深刻的景和事记下来。

我经常把女儿扔到人群中，自己在后面跟着，由着她摸索，每次总有意想不到的收获。天气不好的周末我们会去看电影，回到家我看到心情激动的女儿，会及时提醒她把自己的感触写下来。我悄无声息地引导女儿写作，让她充分体验创作之美。

有一次在去后海的马路边，女儿看见一位腿部有残疾的阿姨在卖书，得知她卖的是自己写的书后，孩子难过地哭了，跟我借了钱买了她的书。事后，女儿把这件事写进了日记，此事让她清清楚楚地体会到了人性之美。

有人夸我女儿在学才艺上“中西合璧”，因为她虽然只有十岁，却坚持学习了中西两种乐器——钢琴（八级）和琵琶（九级）。其实，因为女儿手太小，当初幼儿园中班时钢琴老师并没有选上她，但我觉得应该给孩子一个机会，不能还没尝试就放弃，于是恳请老师重新考核女儿。最终，老师因为女儿的定力好，给了她学习钢琴的机会。

上一年级时正好赶上“高参小”活动，班里有几个可以学民乐的名额，于是我们报了最难学的琵琶。在学钢琴和琵琶的日子里，孩子充分体会到了美妙的音乐是靠努力和坚持换来的。在这个过程中，我只是孩子忠实的听众，只是在她日复一日练琴时不停地夸她，在她偶尔上台演奏时为她鼓掌、为她喝彩而已。

其他方面亦是如此，女儿通过学体操、芭蕾舞、滑雪、游泳以及书法，体验到各种不同形式的美。在体验和探索各种美的路上，我们一起努力着、坚持着，并快乐着。

女儿经常说:“阅读、弹琴、写作都能给我减压。上书法课、跳芭蕾舞、滑雪、游泳时我也很快乐!”

游美丽海滨城市大连

印象中，大连是一个美丽、宁静的海滨城市，也是夏天比较理想的度假胜地。一次偶然的机会，带着女儿与好朋友小玲和她的儿子，一起踏上了这方土地。也恰好是通过这次短暂之旅，我开始意识到旅行和阅读对孩子所能产生的重大影响。

从大连火车站出来的一刹那，我曾有点后悔，这哪里是理想的旅游胜地呀！出租车上脏兮兮的、火车站里乱哄哄的、马路上拥挤不堪。然而已经走到这里了，我只能自我安慰，对于我这个第一次带孩子出门旅游的妈妈来说，就当储备旅游经验了。

第一天，我们去了星海浴场。天哪，这哪里是浴场啊，简直就像谁家在“煮饺子”。人又多，海水又脏，沙子还硌脚。尽管如此，女儿还是玩得不亦乐乎，一会儿玩沙子，一会儿下海去游泳，到天黑还不肯走。在这里，我看到了大海对孩子的巨大吸引力，也感受到了大海的豁达与包容。

第二天我们去了老虎滩海洋公园，这里有极地动物北极熊、企鹅，还有海豚、海象、海狮等。最好看的是海豚表演，第一次看见这些有灵气的大家伙，女儿兴奋不已。晚上，我们还去了渔人码头，女儿第一次见识到了捕鱼船，了解到不少捕鱼的知识。

后来，我们还坐地铁去了金石滩，见到了奇形怪状的石头。在东大桥，孩子们走木栈道走得很起劲儿，途中还看见了漂亮的小松鼠，令他们兴奋了很久。

大连之旅的收获不仅在山水之间，小玲对旅程中的细节安排更让我受益匪浅。来回的火车上，她跟孩子们一起读了很多绘本；她还准点让孩子们吃饭；不管走到哪里，她都提醒孩子们不要乱丢垃圾……

每个妈妈都有自己的育儿经，从其他妈妈身上不断汲取经验，我们才能走得更好、更远。从小玲身上，我学习到了不少带孩子旅行的经验，也下定决心要将旅行进行到底。

探险雪后黄山

计划了两年之久的黄山之行，在女儿八岁半时终于提上了日程。然而不巧的是，去之前，黄山刚刚经历了一场不小的雪。这就意味着，我们将面临更多的艰辛和挑战。

山路上结着冰，路面又硬又滑，我们真是举步维艰。女儿的帽子、围脖、手套都没带，鞋子和裤子又都很薄。我怕冻坏了孩子，也怕摔坏了孩子，但又舍不得黄山这难得一见的雪松。于是，我鼓励孩子道："既来之则安之，我们还是爬爬看，说不定会有意想不到的收获呢。"

我把自己的围巾、她爸爸衣服上的帽子都取下来给女儿装备上，并告诉她只要不冻伤耳朵和脸就行。女儿一路上坚强地随我们往上爬。有的地方很陡峭，有的路又湿又滑，到了"十八罗汉朝南海"的景点，人们按顺序左上右下，我想说人多别去了，女儿却不愿放弃。她小心地、手脚并用地爬上去，下来时还摔了一跤，然而她爬起来拍拍身上的雪，呵呵一笑，又继续欢快地随我们前行了。

经过一段艰辛惊险的攀爬之后，我终于在山上一家宾馆给女儿买到了帽子、手套和一双钉鞋，女儿的爬山装备一下齐全了。我们没有了后顾之忧，爬山的速度也加快了。遇到陡峭又很长的山路时，我们会鼓励女儿数台阶，分散她的注意力，不知不觉最艰难最湿滑的地方也就过去了。

爬黄山的前一晚，我们从酒店老板那里拿到了一张黄山地图，我提前让女儿规划好了想爬的路线，所以每到达一个景点后，女儿都会拿出地图看看，结合景点标牌找出正确的爬山路线。途中，有位游客看到女儿的地图觉得不错，女儿便让她拍一张存在手机上，以免走冤枉路。孩子在旅途中，更愿意去为别人着想，去帮助他人，我想这也许是旅行给予孩子的另一种馈赠。

因为女儿路线规划合理，加上没有走什么回头路，在顺利爬完一圈后，我们终于赶上了最后一班下山的缆车，要不然我们得困在山上一夜，或者徒步七公里走下山去。这次爬山让女儿体会到了有计划地做事是多么重要。

爬山的意义远远大于爬山本身，探险雪后黄山使女儿收获颇丰。

爬山有几层境界：第一层是爬上去，第二层是看风景，第三层是感悟，最高境界是磨炼孩子的意志，教他们遇到困难不放弃。在艰苦环境下如何改善条件，在野外如何保护自己，如何合理利用时间，怎样看地图规划路线，知道在外如何与人相处，知道如何与动物和谐相处，如何保护环境等。爬山，是旅行教养中不可缺失的一环。

和孩子一起到故宫中寻找书中人物

为了陪女儿看图书《故宫里的大怪兽》中的主人公李小雨和杨永乐常玩的地方以及提到的各种神兽，一个周六，我们轻装前往故宫。

故宫是南进北出的游览路线，从天安门进去，经过端门，进入午门之后，有三条由南向北的通道：中间是中轴线，古代天子办公的各种场所及御花园；东边是文华殿、文渊阁、南三所及东宫六院；西边是武英殿、内务府、太后住的宫殿慈宁宫，还有西宫六院。

我和女儿商量了一下，决定先走中轴线，到北门后走西宫四院，接着到慈宁宫，最后从南门走东宫六院到北门，出故宫，这样既能保证每处都游览到，又不会走冤枉路。

我们进午门后踏上金水桥，直奔太和殿，接着游览中和殿、保和殿，经过乾清门之后来到乾清宫。然后是交泰殿，这是皇后在生辰或者春节等庆典时接受朝拜的地方。往后就是坤宁宫，这是自明代起皇后的寝宫。女儿一路上，都在忙着找书中的人物。

从坤宁宫往北走，就来到了御花园，这里也没有多好的景致，却吸引了一批批中外游客。现代人来到这里，无非是想感受一下昔日帝王的风采与权威。这里的古树、亭台、假山依旧，但那些手握生杀大权的皇帝们都不复存在了，他们至高无上的权力和荣耀都随风而去。我告诉孩子：一个统治者，不论他当时多么辉煌、多么高大，他都只是沧海一粟，他能否被历史铭记、能否被世人尊敬，都要看他是否做了造福子孙万代的事。

西宫六院是储秀宫、翊坤宫、永寿宫、长春宫、咸福宫、太极殿，这里体现了一夫多妻的悲哀，这些宫殿很小、很拘束。

我们接下来去的寿康宫和慈宁宫倒是很大、很气派，但这里令我们感到太后权力大于天的同时，也感到了孤独、凄凉和无奈。女儿问我是不是新王登基后只留下太后一人，其他先王的妃子都得离开皇宫，在得到我肯定的回答之后，她自言自语道："还是当太后好！"可是当太后真的就好吗？我告诉女儿，当太后没有朋友、没有亲戚、没有爱人、没有儿女的陪伴，只有无穷无尽的寂寞，永远听不到真话、看不到真相、感受不到真诚。每天锦衣玉食，却没有人可以分享，每天面对偌大的宫殿、偌大的花园、偌大的世界，只能一个人品尝孤独的滋味，这就是皇权的悲哀。女儿听后默默地点头："嗯，老人得有孩子陪着才不会孤独。"

我们最后走的是东六宫那条线，这里有景阳宫、永和宫、延禧宫、钟粹宫、承乾宫、景仁宫。从南到北都是红墙黄瓦和灰砖地，看不到任何繁华与神圣。女儿始终拿着她书里的那份地图，渐渐地把每个人物和圣兽都找完了。

傍晚时分，我们出了神武门，离开了故宫，离开了那个曾经繁华绝代的地方，我和女儿的手拉得更紧了，只有陪伴才是真实的幸福。

和孩子一起滑雪

女儿喜欢滑雪，一年级第一次带她去滑时给她请了一位教练，只学了两圈她就会了。那时我觉得学费太贵了，就自己学，又仗着自己十几岁时学过滑旱冰，有点基础，就硬着头皮上了滑道。

教练教女儿的时候，我担心她摔倒，大着胆跟着他们上了魔毯，结果他们都滑到底下去了，我却摔得爬不起来，还自作聪明地沿着边滑，以为边上安全，谁知初级滑道都是中间平坦两边难滑，所以越慌张越摔，越摔越怕，每次都会不自觉地滑向雪道边上的护网，滑板插进网子摔得更厉害……

最后看女儿都会滑了，我不得不脱下滑板，跟着她跑下滑道，第一次滑雪又累、又害怕，还没学会。

第二次滑雪是第二年冬天，约了女儿的好朋友一起滑，他们先到的，只滑到中午就走了。当时我看见那小孩自己上魔毯、自己上滑道，而他妈妈也能从容地自己滑自己的，很是羡慕。当时女儿大概教了我怎样刹车、怎样减速，我就大着胆自己滑了，虽然硬着头皮也能往下滑，但始终没有感受到滑雪的快乐。因为担心孩子一个人滑雪不安全，爸爸全程跟着孩子跑上跑下。第二次滑雪也很累，女儿没有伴儿，一个人滑得无趣。

三年级的寒假，我们预留了足够的时间滑雪。在滑雪之前孩子一个劲儿地念叨她忘了怎么滑，说要再请教练。下了雪场后，有个教练过来主动帮我拿滑板，我们就聊了两句，他说孩子不用重新学，在平地找找感觉即可。看着教练热情的样子，本不打算滑雪的我，突然冒出了“跟教练学学”的想法。请教练后，我迅速掌握了滑雪技巧，第一次体验到滑雪运动的美妙。

我明白了：原来滑雪真的是有技巧的，不是靠硬摔摔出来的。要想跟上孩子的脚步，父母也得学习，应该适当地投资自己。

在后来的滑雪中，我一直陪在孩子身边，跟她一起聊雪场中滑得好或不好的人，一起讨论哪个雪道应该注意什么，在女儿偶尔摔倒时快速地脱掉滑板，第一时间冲到她身边，帮她站起来。我们中途还帮助其他摔倒的孩子，拉他们起来，助他们顺利滑下去。我还经常带女儿去挑战她不太敢滑的中级和高级雪道……

父母陪孩子一起爱上滑雪、爱上运动，是非常有必要的。

带着孩子游泰国

女儿上完一年级的那个暑假，我和几位妈妈带着各自的孩子游玩了泰国北部：清迈、清莱和拜县。孩子们在那趟旅行中学会了独立，变得更加友爱，也知道了谦让和包容。

出机场时我们找不到出租车，机场工作人员就主动帮我们叫了一辆。我以为这次肯定“挨宰”了，但后来发现，不管是出租车还是当地充满特色的突突车，他们所有的收费都是有标准的，不会因为是在某个景区就贵，也不会因为你是外国人就乱要价。在泰国景区、夜市购物亦是如此，那些阿姨们甚至还会给孩子们一些优惠。

在清迈大象园玩耍时，因为是第一次近距离地接触这“庞然大物”，我和女儿都特别紧张，但那里的工作人员和导游很友善，他们微笑着耐心地教我们怎样跟大象说话，怎样给大象喂食，怎样跟大象拥抱合影，怎样往大象身上抹泥，怎样给大象洗澡……有时候，他们会把给大象冲澡的水突然泼向我们，弄得在场的人尖叫连连，好不热闹。渐渐地，女儿不怕那些大象了，甚至敢单独去大象身边合影，不时用手挠挠大象的长鼻子，拍拍大象的身子。

去夜间动物园时下了点小雨，刚进园就有几只可爱的小梅花鹿走过来，它们见到孩子们一点也不怕，乖乖地站在马路边让孩子们抚摸，大口地吃着孩子们喂的青菜，像老朋友一样微笑地望着他们。后来我们到“长颈鹿餐厅”用餐，餐厅门口有长颈鹿一家三口，孩子们兴奋地给它们喂青菜，长颈鹿并不争抢，安静地吃着、看着。吃完饭我们坐着游览车，带着香蕉、胡萝卜等食物，边走边喂小动物。动物们都很有“礼貌”、很“友善”地吃着游客手里的东西。女儿诧异地问:“妈妈，这里的动物好听话啊！它们怎么会跟人一样有灵性呢?”

在去清莱的路上，经过一处天然温泉，那里真是太美丽了。孩子们把脚放在温泉里，惬意地一起喝着新鲜的椰子，友爱从这一刻开始蔓延……

在白庙和黑庙，我们看到了师徒俩令人震撼的反差设计。几个孩子尤其喜欢白庙卫生间的设计风格，一个劲儿地在那里拍照。

在去拜县的途中，我们注意到我们的司机总在十字路口停下来跟对面的司机微笑，然后等别人开过去了他才走，并且在这四五个小时的车程中他也从来不按喇叭。有一次，一个骑摩托车的女司机拐弯时停下来先同我们的司机微笑，然后坚持让我们车先走。我们在泰国的那几天，每次走在斑马线上时，所有的司机都会停车并示意让我们先过马路。女儿每次都竖起大拇指不停地夸赞："妈妈，这里的司机真有礼貌，我们以后开车也让行人先过去。"

到拜县以后，我们发现那里天高云淡、微风习习、空气新鲜、景色宜人、民风淳朴。可爱的倒立屋、风车酒店、草莓园、大树屋、咖啡屋、大树秋千等景点都是可以免费游玩的。那里还有一个"云来村"，全村居民都是从云南过去的中国人的后裔。我们跟着出租车司机去"芸来"山顶上品茶，他们的村长——一位淳朴可爱的中国人，陪我们一起喝茶、聊天。女儿在这里显得异常开心，她跟村长学沏茶、倒茶，然后恭恭敬敬地把一杯茶递到我手上。

这趟旅行虽然只有十多天，但几个六七岁的孩子却学到了不少东西：在泰国问路、点早餐都是孩子们去办，坐车、吃快餐他们付账，买东西他们砍价，逛书店他们自己挑书，自己打理自己的衣物、自己洗头洗澡、自己决定每天的零花钱买什么东西。孩子们的独立能力得到了锻炼，处事能力和英语交流能力也提升了不少。

走进人民大会堂

女儿二年级时，我和她有幸走进人民大会堂聆听法国钢琴大师理查德·克莱德曼的专场音乐会。

这场音乐会用时两个多小时，整个过程跌宕起伏，老艺术家把古典音乐和现代音乐融为一体，妙趣横生。一曲曲优美的乐曲，将理查德·克莱德曼精湛的琴艺、高深的音乐修为，以及他用音乐谱写人生的勇气和毅力表现得淋漓尽致。

这位老艺术家除了会说“大家好”、“谢谢”，就不会说别的汉语，但在这里不需要语言，因为他用音乐在引领大家；在这里没有国界，因为他用音乐告诉人们：音乐是整个人类共同拥有的财富。

在经典歌曲《星空》、《亲亲宝贝》、《童年的回忆》中，我听到了人类向往和平的声音；在影视金曲《泰坦尼克号》、《星球大战》、《加勒比海盗》中，理查德·克莱德曼又用音乐宣讲了人性的真、善、美。女儿深深沉醉其中，大师只用音乐就让年仅八岁的孩子感受到了他的心境与情怀。

在介绍巴黎时，同样没有语言，只有钢琴演绎，但我们仍然感受到了巴黎风情，感受到了他对故乡的热爱之情。在“爱的意境”钢琴组曲中，我们听到了中国名曲《爱如潮水》，深切地体会到了老艺术家对音乐的爱、对钢琴的爱、对亲人友人的爱，也感受到了他对中国人的爱、对整个人类的爱，以及他对世间万物的爱。这些曲目无一不饱含着他对人类和平、和谐的祝愿。

在这场西方音乐会上，我们还看到了中国的民族乐器琵琶和笛子，也听到了中国的传统名曲《十面埋伏》和《梁祝》。

琵琶和钢琴的合奏令我震惊，女儿是学钢琴和琵琶的，这一西一中的乐器，它们的音乐完全不一样，我曾经让孩子二选一，结果她舍不得放弃任何一门。看了这场演奏之后，我决定让孩子“双乐并进”，小学主要抓钢琴，初中主要抓琵琶。

音乐能使人身心愉悦，音乐能传递情意；音乐使人忘记烦恼、忘记争夺；音乐使人平静，使人类远离战争。为理查德·克莱德曼大师喝彩，为神圣的钢琴喝彩，为没有国界的音乐喝彩！愿孩子们在音乐的海洋里快乐成长。

两次爬长城

在女儿还小的时候，我们一家三口带着我父亲曾去过一次八达岭长城。然而，那一次爬长城的重点全部落在了“爬”上。

一上长城，女儿和外公就开始比赛爬长城，不到一小时就到了八达岭长城的顶端。父亲累了就坐在台阶上休息，女儿也不再逞强，乖乖地坐在外公身旁。

后来，等女儿长大一些，最主要的是她马上就要学到关于慕田峪长城的课文了，我决定再带她爬一次长城。

我们爬了大概一个小时，终于上到了慕田峪长城的第 16 个烽火台。这里的城墙跟八达岭长城比起来更显荒凉，路面也没八达岭的宽。这里的城墙不分内外，都一样高，从低处起有 9 块青砖的矮垛子，往上是 7 块青砖砌成，上面留了瞭望口。

阳光明媚，碧蓝碧蓝的天空，飘着大片大片洁白的云朵，这些漂亮的云朵就像刻在蓝色绸缎上一样，它们不怎么随风飘移，任凭微微凉风吹拂。爬到长城最高处，我们仿佛能伸手抓到云彩了，女儿兴奋地直往上跳，恨不得摘下一朵来。

慕田峪长城十分干净。每个烽火台内都有好几个垃圾箱，孩子们偶尔吃了零食，都把包装扔在垃圾箱里，即使这里没有保洁工人出入，长城上依然干干净净的。

我问女儿，跟宏伟壮丽的八达岭长城比起来，慕田峪长城显得如此破败，但为什么那么多外宾不远万里而来？她小脑袋转了转说：“这里更漂亮、更干净，而且雄伟，游客也比较文明……”

其实爬长城不仅能让孩子体会到我们的祖先修建长城的辛苦，也能让他们知道我们有值得骄傲的祖先，我们自己也要向祖先一样吃苦耐劳，用劳动和智慧保护好自己的家园。

阅读，就是孩子的起跑线

阅读才是真正的起跑线

“妈妈，什么是起跑线？为什么有起跑线？”上三年级的女儿疑惑地问我。

“起跑线？你问这个干什么？”我惊讶地问。

“没什么，同学跟我说不能输在起跑线上，他们暑假又报了好多班，奥数、写作、阅读、文言文……”女儿担心地说，“我会不会过完暑假就跟不上了？”

“宝贝，别怕！学习上真正的起跑线是阅读！”我坚定地说，“只要你像以往那些假期一样，阅读时间认真看书，旅游时间尽情玩耍，空闲时间多思考、多探索，不虚度每一天，就不会落下。”

女儿的好朋友博博很小的时候就被他父母引导着读绘本，大概四岁多时，他跟我们一起去爬山，我们看见一块牌子上写着“菩萨泉”，便想考考他，结果他轻而易举地就说了出来，当时我们都惊呆了。博博告诉我们：“阿姨，我看见过的字只要记一遍就记住了，有些字我都是在看书时学的。”

后来博博六岁多时，我们一起驾车去辽宁旅游，回京的路上，这个小朋友把每一个路标都认得准准确确，并给两位爸爸不时推荐合理的路线，避免了很多堵车的情况，那次我们彻底服了这个小家伙。

跟博博妈妈聊天得知，博博刚上一年级就能看原版的小说《西游记》、《水浒传》、《三国演义》了。平时数学、语文考试基本都是满分。可那时候我女儿做作业还得让我读题，很多字还不认识呢。

博博除了爱读文学类书籍，其他类的丛书也广泛涉猎。他四岁多就反复地看过《神奇校车》。五岁时就多次阅读《最美的法布尔昆虫记》，并能给小伙伴绘声绘色地演读这套绘本。刚满六岁的他居然迷上了少年版的《百科全书》，这套书有四册，每册三百多页，大人都不能静下心来全部阅读，而这个小人儿却反复翻阅。听说他在生活中一遇到疑惑就翻阅这套丛书，难怪我们跟博博聊天时，历史、地理、生物、天文他都无所不知呢。三年级上学期时我们一起去中国地质博物馆，博博居然能津津乐道地给我们当解说员。

“还记不记得，你读完《写给儿童的中国历史》之后，学《论语》、学古诗都特别轻松？因为你知道作品的写作朝代，清楚作者的生活环境，所以理解、记忆起来就很容易。”我不失时机地引导女儿。

“是啊！妈妈，还有一次考试的时候我不太确定地球围绕太阳转一圈是不是一年，但考完试后我在一本科普书上看到了答案，我好高兴。我不仅考试没答错，还永远记住了这个知识点。我当时都高兴得跳了起来！”女儿眼里闪着兴奋的光芒。

我认真地对女儿说：“阅读是一个好习惯，喜欢阅读的孩子更爱思考，主动学习能力也会更强，这些并不是课外班所能替代的。而且学习语文，阅读是最直接的途径，跟阅读的深度、广度，以及阅读形成的思维习惯都有关系。成长中，阅读是最厚实的沉淀，书籍也会陪伴你一生。所以，阅读才是真正的起跑线。”

莎士比亚曾经说过：“书籍是全世界的营养品。生活里没有书籍，就像大地没有阳光；智慧里没有书籍，就像鸟儿没有翅膀。”不要以为没有给孩子报课外班，他们就会输在起跑线上，只要他们喜欢阅读，就差不到哪儿去，因为阅读才是孩子学习上真正的起跑线。

共读《小木屋》

罗拉的《小木屋》系列一共有九本，我们先看的是《大森林里的小木屋》。这本讲的是怎样自制腌肉、枫糖和生活必需品。我自己非常喜欢，因为这些与我童年的生活十分接近，它们唤起了我童年的记忆。但女儿明显不感兴趣，她觉得这些做东西的事她都不熟悉，不好玩，看不懂。读了四五章，她就放下了,《农庄男孩》也是同样的情形。

但是,《草原上的小木屋》、《梅溪河岸》、《银湖岸边》和《漫长的冬季》四本却深深吸引了女儿。《草原上的小木屋》讲述了主人公罗拉一家在草原生活的美好场景，书中对草原早、晚景色的描写极为详尽，对草原上各种小动物的描写也极为细致，勾勒出了一幅幅人与自然、人与动物和谐相处的美好画卷，女儿深受感染。

《梅溪河岸》讲到罗拉一家人从草原迁徙到梅溪河岸边居住的过程。这里是罗拉她们玩耍的天堂，小溪边、草地上、梅树丛里，处处都充满了无限的乐趣，在这里罗拉和姐姐度过了幸福的童年时光。她们不用上学、不用读书，只有玩耍，只有欢乐……这很吸引女儿，她一字不落地读完了整本书。

《银湖岸边》也是小女孩最爱看的，因为在这里罗拉第一次坐火车，第一次骑马驰骋，第一次交朋友，她们在这里度过了难忘的少年时光。此时的罗拉心中已然有了理想和生活目标。女儿读完这本书很受鼓舞，下定决心也要好好上学。

《漫长的冬季》讲的是一个连续六个月都有暴风雪的难熬的冬天，大雪导致小镇与世隔绝。没有足够的食物和煤炭，罗拉全家在饥寒交迫中挣扎。女儿迫不及待地读完了这本 250 多页的小说，只为看到温暖的春天，看到罗拉幸福的微笑。

在第七本书中，定居在草原小镇的罗拉终于经过自己的刻苦努力当上了老师，并帮助家里顺利地送姐姐上了大学。这时的罗拉进入了美妙的青春时光，她享受着亲情、友情的同时，爱情也悄然来临了……女儿看这本书时已经上三年级了，在完成学校作业和各种才艺班的任务之余，她坚持看完了。

后来女儿用了很少的时间看完了最后两本。这些书几乎每本都有两三百页，也有一些她不认识的字，但这并不影响她的阅读和理解。

女儿边看书边摘抄，等到全部读完，已经抄了厚厚的一个笔记本了。在做完这些之后，女儿的写作能力也有所提升，写游记和描写各种小动物时，她表达完整、细节把握得恰到好处。

读《爱的教育》

女儿三年级时，突然对我的书柜感兴趣了。那时孩子通过两年多的广泛阅读已经认识了很多字，但要看外国名著我还真怕她看不懂。

在女儿要求好几次之后，我决定让她先看看《爱的教育》。这本书是一个意大利学生根据自己三年级时的日记改编的，比较贴近儿童的生活，而且每章篇幅也不长。

果然，这本书很吸引女儿，她睡觉前总是习惯性地读上几章。遇到有趣的事，女儿会立刻兴奋地讲给我听。作者对自己同学的介绍写得幽默有趣又活灵活现，女儿边看边画下那些描写生动的段落和句子，有时候还会把书里的人物和自己的同学相比较。

在“贫民窟”这个章节，母亲带着孩子们去给贫民窟里的穷妇人送布，当他们到了最高处一间小阁楼里，主人公安利柯发现这竟是自己的同学克洛西的家，他悄悄地把这情况告诉母亲时，母亲说：“不要作声，如果他觉得自己的母亲受朋友的布施，多么难为情啊！”这是一个很细微的小环节，要是没有母亲的交代，一个三年级的孩子哪里会想到那么多啊！

这是安利柯母亲教育孩子的高明之处，更是她的善良之处。母亲的这一个小小的举动，或许当时孩子不以为然，但当他长大成人之后，他会时刻记得母亲的善良，继而也以善良之心待人，这样的孩子不愁将来没好人缘。

在“小石匠”这个章节中，安利柯记录了石匠的孩子来家里做客的全过程。“小石匠穿着他父亲穿旧的衣服，满身都沾着石粉与石灰。孩子们玩了一会儿就坐在安乐椅上吃面包，等大家离开的时候，我看见小石匠上衣上沾着的石粉沾在椅背上了，就想用手去拭。不知为什么，父亲忽然按住我的手……”

这个小小的举动竟然是粗枝大叶的父亲教导给孩子的。安利柯的父亲后来给孩子解释：你当着同学的面去擦拭那些灰尘，一方面显得你看不起他，让他觉得穿父亲的衣服是很丢脸的事；另一方面你也不尊重劳动人民，如果他父亲不是劳动者，衣服上会有那么多石灰吗？

在《爱的教育》里没有说教，我们看得见的是尊重，感受到的是爱，这些就是对孩子最好的教育。

共读《西游记》

第一次读文字版的《西游记》，我只觉得心酸，除了对猪八戒老喊饿，想吃一顿饱饭有同情之外，大多数时候是感觉他们太不容易了，尤其是孙悟空，他虽然神通广大，但老是在干吃力不讨好的事。在师傅眼里，孙悟空不如猪八戒乖巧，不如沙僧老实，所以师傅不是很喜欢他，但因为他能力强，凡事他又不得不干，干好了是他的本分，干得不好就要遭埋怨。

书中的磨难与其说是唐僧一行人的，不如说是在考验孙悟空。虽然磨难一茬儿接一茬儿，师傅对他的误会一次又一次，但孙悟空都能勇敢地去面对，积极地去想办法，最后总能找到解决办法，为他们赢得一次又一次难得的“好斋饭”。

这本书多读几遍后，孙悟空这种在挫折面前不低头、不放弃的精神鼓舞了我，生活中每当遇到困难时，我就觉得没那么可怕了，再难也没有西天取经的孙悟空难。

后来，等到女儿开始能读《西游记》了，我又跟着她读了一遍少儿版的《西游记》。读完却奇迹般地没有心酸的感觉了，反而觉得很轻松。在这本书里，孙悟空虽然也遇到了同样的困难，但他神通广大，又有如来、观音诸神的暗中相助，让人觉得他不是在孤军奋战，所以孩子会觉得虽然唐僧一行西行路上很艰苦，但因为有孙悟空的存在，所有的问题都不是问题了，他们西天取经是必然胜利的。

此后，当女儿在学习中遇到小挫折，跟我诉苦时，我就引导她，你看你的困难有唐僧他们取经那么难吗？你的处境有孙悟空那么难吗？孩子一边听一边摇头，似乎有了解决问题的信心。女儿到了五年级时，对儿童版的《西游记》还是记忆犹新，饶有兴趣，于是，我开始引导她看成人版的《西游记》，因为这版的原著是半文言半白话版的，孩子能自己读下来，对她将来学习文言文是有好处的。如果不是小时候读过《西游记》，如果不是孩子对它真的有兴趣，硬生生地让她直接去读成人版的原著，孩子是读不下去的。

跟孩子一起共读一本书的好处在于能和孩子有共同的记忆、共同的语境、共同的感触，从而使我们更加理解孩子，和孩子有更多共同的话题。

在读了儿童版的《西游记》和成人版的《西游记》之后，我更懂得了如何去引导孩子阅读。

读《假如给我三天光明》

我和女儿前后脚读完了《假如给我三天光明》，我们各自摘抄了一些优美的好句好段。这些句子、段落读起来清新自然、细腻优美、富有爱和美好的味道。如果不亲自读这本小说，谁都无法想象这些优美的词句出自一位盲女之手。

看了这本小说，我突然觉得每一个孩子都是他自己，每个孩子都有自己成长的独有历程。无论他是正常或非正常儿童，上天在关上一扇门的同时，一定会留下一扇窗给他。不过，一个非正常儿童要想像正常的孩子一样成长，最少需要以下三方面的条件。

首先，父母需要给予孩子无私的爱和充分的信赖。海伦在很小的时候，就因为生病失去了听觉和视觉，对一个还没有学会说话的孩子来说，这无异于既看不见东西也听不见声音，更无法张口说话。虽然海伦的妈妈后来又生了一个健康的女儿，但这位伟大的母亲依然没有放弃海伦，也没有把海伦当作特殊儿童来对待，一直坚持陪着海伦，温柔地教导她。海伦的父亲也是一位宽容善良的爸爸，他爱家也爱孩子，除了工作和偶尔狩猎，其他时间都陪着孩子，给她们讲故事、带她们散步。

这对父母不仅经常带孩子去布鲁斯特海滨度假、去波士顿旅行、去斯坎比亚避暑小屋过秋季，还不遗余力地给海伦请专门的家教老师。他们对身体有缺陷的海伦从来都是包容地爱着、宠着，耐心地引导着。他们让海伦觉得自己跟别的孩子没有什么不一样。在这种成长环境里，海伦才愿意去努力、去突破自己，让自己成长为一位优秀的女生。

其次，孩子的成长成才离不开老师别出心裁的教导和不厌其烦的帮助。海伦的第一位老师沙利文小姐一直陪伴着海伦成长，她是海伦的父母特意从聋哑学校请来的。沙利文老师在生活上是海伦的助手，教海伦许多生活技巧。学习上，沙利文老师也是费尽心思巧妙地引导孩子。在文学创作启蒙阶段，沙利文老师同样给了海伦最重要的熏陶。可以说，沙利文老师的到来彻底改变了海伦的命运。

最后，海伦的优秀也离不开当时社会对她的接纳。对海伦鼓励颇多的拉姆森夫人，她告诉海伦有一个挪威的聋哑女孩学会了说话。霍勒斯·曼学校的校长富勒小姐还亲自为海伦授课，教导海伦发音。后来海伦又跟着艾恩斯先生学拉丁语，跟着瑞米老师学德语……她得到了社会的广泛接纳，得到了很多老师真诚的帮助。

经过多年的努力，海伦顺利考上了拉德克利夫学院，成为一名标准而正常的大学生。虽然这个过程异常艰难，但我们不难看出，这里的环境是怎样接纳一位非正常学生，又是如何造就一位正常人才的。

《假如给我三天光明》令我们不仅看到了盲童的成长奇迹，也看到了人间友爱，更看到了教育孩子该有的方向。

读《骆驼王子》

沈石溪曾写过一本关于野骆驼的中篇小说，我读过之后，可以说是吓了一跳，原来动物界跟人类竟是如此的相似。

刚开始时，由五匹骆驼组成的骆驼队遭到了两只雪豹的攻击，如果大骆驼们像其他野生动物一样，扔下小骆驼自己跑掉，完全可以顺利地脱离险境，但大骆驼们拼死都要护住小的。

不过，后来大骆驼们对骆驼王子的照顾太事无巨细了：平常不让骆驼王子单独出行，不让它自己找食物，尤其是两只母骆驼一直守护着骆驼王子，生怕它受一点伤……这种过度保护导致骆驼王子一直处于未断奶状态。

到了叛逆期，骆驼王子只要表现出一点抗争，这几位长辈就痛苦欲绝，不停地呼唤、不停地阻拦，甚至以死相挟。骆驼王子其实很想挣脱、很想长成自己，但无奈这群长辈对它事无巨细的照顾慢慢消磨掉了它的个性，也消磨尽了它断“奶”的勇气。

最令骆驼王子颓废的是它和大野狼的一次斗争，它败了，败得一塌糊涂，自此彻底丧失了争取独立的勇气，做起了“乖王子”。

动物的世界也总是千变万化的，骆驼们又与雪豹相遇了，这次战争可谓惨烈。关键时刻，骆驼王子逃走了。因为骆驼王子的懦弱，因为它的袖手旁观，骆驼首领丧了命，另一只公骆驼也负伤累累，血尽而亡，还有一只母骆驼因为气愤骆驼王子的冷酷无情离开了。最后，这个骆驼队只剩下骆驼王子和它的母亲。

好不容易，它们遇到了两只母骆驼，可以扩充骆驼队了。当上首领的骆驼王子，根本是一个长不大的孩子，关键时刻总是裹足不前。在母骆驼们保护小骆驼时，它争风吃醋、毫不相让，还仇恨小骆驼夺走了它的母爱，不断地为难、欺负小骆驼。

对于这样一个冥顽不灵、永远长不大、拎不起的骆驼首领，骆驼王子的母亲也失望极了，终于有一天，它也伤心地离开了骆驼王子。这时的骆驼王子，已然是一只不敢单独觅食、不敢独自生活，也不具备野外生存能力的废骆驼。最后，它只有去投奔人类，成为没什么价值的家骆驼。

这个悲剧难道只有骆驼王子有责任吗？那些长辈的溺爱、那些过度的保护，没有教给孩子如何生存、如何战胜对手的技能，却在出现问题后一味指责有什么用？在骆驼王子该学的时候没让它学、该走的时候没让它走、该断杀的时候没让它断杀，它日后遇到困难时凭什么本领去迎难而上？

我们人类其实也是一样，很多家长对孩子是不舍得他吃亏、不舍得他受挫、不舍得让他叛逆、不舍得他自己去拼杀……那么，他永远不可能活成你希望的那样，甚至都可能没有足够的能力好好走过一生。

怎样让孩子适时“断奶”，断精神之“奶”，让孩子成为一个独立的人，这是一个值得思考的问题。

读《狼王梦》

我在很早之前就读过沈石溪的《狼王梦》，但至今仍然感触颇多。

在这本书里，狼妈妈紫岚和狼爸爸黑桑本是恩爱夫妻，无奈黑桑太想当狼王了，于是在紫岚的怂恿下去跟狼王洛戛搏杀，结果惨死于洛戛利爪之下。黑桑死后，紫岚经历了千辛万苦，生下三只公狼和一只母狼。

为了实现自己和丈夫的夙愿，狼妈妈开始全身心地培养长子黑仔做狼王候选人，有好吃的尽量满足黑仔，结果导致黑仔飞扬跋扈，专横任性。二儿子蓝魂儿严重自负，对妈妈和大哥愤愤不平，三儿子双毛在大哥和二哥的压制下，变得性格懦弱、胆小怕事。

在狼王梦的驱使下，狼妈妈明知不可为而为之，她不在乎孩子正常成长需要的踏实和努力，只拿她的人生目标去要求、培养孩子，使长子黑仔养成了天不怕地不怕的性子。结果黑仔因为任性淘气跑出去玩，被一直伺机吞食他的敌人金雕抓住，就这样毫无价值地结束了自己的生命。

狼妈妈开始培养二儿子蓝魂儿，好在二儿子一直被大哥压制着，不服输、不妥协的精神气儿一直都在。在妈妈的激发和培养下，他顺利地拥有了准狼王的气质和能力，在狼群中也很有威望，但这个从小被压制的狼崽太想成功了，他不顾长辈的劝说，以身犯险，结果被猎户抓住了。

即使三儿子双毛从小就一无是处，但两个哥哥都死了，狼妈妈不得已只好死马当活马医，把好吃的让给三儿子，让他先拥有一个强健的体魄。为了激发他的斗志，狼妈妈不惜和女儿联合起来羞辱双毛，甚至以身犯险，不断逼迫、激怒他，让他知道被领导、被奴役的滋味！双毛终于在沉默中爆发，成功地突破了自己，成了一个有野心的政治家。但在与狼王洛戛最后的决斗时刻，双毛从小养成的奴性和自卑感在狼王最后的嚎叫声的震慑下显露无遗，他失去了战斗的勇气，灰溜溜地准备逃跑，结果被群狼一拥而上，就地咬死分食。双毛的自卑最终害死了自己，也使狼妈妈的“狼王梦”又一次落空。

在三儿子死后，狼妈妈又试图给女儿媚媚找一个有狼王潜质的丈夫，但这个女儿可不是那么好随意摆布的主，她开始不停地反抗母亲、不停地逃避狼王梦的魔咒。最后，准女婿被狼妈妈设计赶走，媚媚悲痛欲绝。

最后，狼妈妈苦不堪言，因为她的青春都在培养狼王苗子的漫漫长路上消耗殆尽了。

狼妈妈无家可归，一直过着凄惨流浪的生活。直到有一天，她发现女儿要生产的时候，原来杀死黑仔的敌人金雕又出现了。狼妈妈幻想着女儿生的是下一个狼王，她和丈夫的宏伟愿望将在这只小狼身上实现，于是她拼尽自己全身的力量，与敌人周旋了一天一夜，终于智取了那只金雕的性命，为女儿和外孙解决了后顾之忧，但是，狼妈妈自己却油尽灯枯，劳累而死。

至此，一个动物界野心勃勃的家长凄惨的一生就这样结束了。她太像我们人类了，每一位“虎妈狼爸”的心中都有一段伤心的往事。要知道，你没有实现的目标与梦想本不应该由孩子来替你买单，孩子有孩子的梦想。

有很多家长望子成龙、望女成凤，都在拼尽自己所有去培养、塑造孩子，希望孩子能在将来实现自己的“狼王梦”。在这个漫长的过程中，孩子的天性被压抑、人性被扭曲，家长自己也失去自我，没有工作、没有事业、没有爱好，只是一味以孩子的成功为目标。

家长的"狼王梦"是时候应该醒醒了，违反自然规律去培养孩子，"狼王"没有培养出来，孩子和父母却一起失去了自我，最后也就只能是双重毁灭。

不可缺失的绘本阅读

五年级的学生了，还在央求妈妈给她买绘本《贝贝熊系列丛书》，听起来是不是有点可笑？不过这就是我的女儿，到了读文字书的年龄，却依然对幼时的绘本故事情有独钟、念念不忘。

我的失误让她错过了幼儿园绘本阅读的好时光，错过了她本该拥有的自由想象的日子。错过的总是要补回来，于是，女儿从一年级到五年级，每天不厌其烦地读绘本故事，还绘声绘色地模仿其中的角色。

女儿刚会说话时，我就教她读《三字经》、《弟子规》、《唐诗三百首》等，那时候孩子会说的话少，读这种朗朗上口的诗词很适合，记得也快，于是，我自以为是地认为应该让孩子走古典文学的路线。

在女儿上幼儿园小班时，周围的小朋友都开始看形形色色的绘本了，而我发现女儿会认唐诗中的很多汉字，就认为她可能先天聪慧，所以搜罗了很多汉字卡片，教她认字，很少让她读绘本。到了幼儿园大班，那些一直看绘本的小朋友都开始能看不带拼音的儿童文学了，这时的女儿也没能认识几个汉字。

《贝贝熊系列丛书》是女儿在幼儿园阶段读过的唯一一套绘本，当时第一辑还是管邻居借的，后来给她买了第二、第三、第四辑。刚看完这些绘本，她就上小学了。一年级时开始看拼音读物，接着是纯文字读物，但我知道女儿心中一直有个小小的遗憾，那就是绘本故事没读够。

女儿经常问我："妈妈，为什么就我喜欢绘本？月月他们为什么早就不喜欢看了？"我被问得哑口无言，谁让我们错过了呢？孩子都十岁了还是想看绘本，这不是因为她没长大，而是她幼儿时期的绘本阅读，尤其是亲子绘本阅读错过了，她一直在找寻那种缺失的美妙与浪漫，以及坐在妈妈怀里看绘本的温馨。

为了弥补缺憾，我现在所能做的就是尽量多陪女儿阅读绘本。周末，她可以尽情地阅读喜欢的绘本。我逐步把她原来没看过的系列绘本买回来，陪她一起认真阅读。睡前，我也会陪她听些绘本音频……经过几年的努力，女儿对绘本的痴迷程度终于有所减轻了，不过那套读了五年的绘本《贝贝熊系列丛书》依然是她的宠儿。

小学生如何进行精读与泛读

女儿读得最精的一套绘本就是《贝贝熊系列丛书》，当时 30 多本图书拿到家就堆在沙发上，我干活的时候经常发现她拿着书在那边自言自语，不知道是凭记忆还是在看图发挥。但可以肯定孩子喜欢这些绘本，并且她也在无意识地开始自主阅读。

开始我也是带着女儿读，因为这套绘本是中英文的，没有拼音，在孩子识字很少的情况下，自己读的确费劲。等到第一辑 30 本和第二辑 20 本读完，女儿的识字能力猛地上了一个台阶。

读第三辑时，女儿已经上二年级了，已经能单独阅读这套绘本了。这些绘本读完之后，我们在网上又发现了一个阅读 APP，并且找到了原声朗读的绘本，孩子一下就迷上了听绘本，但她还是只听这套绘本。第一辑到第三辑共有 70 多个故事，女儿反复听了两年，听得能复述了，再把这些绘本拿出来重新读。每次在完成学校作业或弹完钢琴之后，女儿说要休息一会儿，但我却看见她拿着绘本在朗读，模仿人物时惟妙惟肖，说到情节时绘声绘色。

通过对《贝贝熊系列丛书》长达五年的精读，女儿掌握了文章结构的安排，知道了气氛如何渲染，对人物语言和心理描写也有了独到见解。她在听或读的同时，会停下来分析给我听。女儿的作文开头和结尾也从来不按套路，尤其是作文结尾处，总是引人深思，我想这也是受这套书的影响。

女儿三年级的暑假，我们又读了一套外国儿童小说——美国作家罗拉的《小木屋系列》。书中对森林、草原、梅溪河的早晨、黄昏，以及春、夏、秋、冬景色的描写都细致到位，孩子们对自由的向往、父母对孩子的开明教育以及人在自然环境下的生存状态，还有对亲情、友情和爱情的描写都是于生活细节中流露出来的……

我们一口气读完，并划出了景色描写优美的段落，接着抄写下来优美句子。在抄的过程中我们正好把小说粗略地回忆一下，讨论一下剧中情节、分析一下人物特点……

在孩子认识了很多汉字之后，大概两年的时间里她连续读了几套历史、地理、科学类的绘本，比如《写给儿童的中国历史》、《写给儿童的世界历史》、《写给儿童的中国地理》、《小牛顿科学馆》，这些书女儿有的看了两遍，因为知识覆盖面宽，孩子的眼界一下开阔了，知识结构也有了很大提升。

泛读要求“快而广”，精读要求“细而深”。对于小学低年级学生来说，选好合适的儿童文学类书籍后，认真去读，找找好词句，读完整本书后进行归纳、摘抄就够了；对于高年级学生来说，选定好小说（最好读原著），规定好时间，快速地阅读完，把握作者的情感归属、掌握小说的结构布局、摘抄下优美句子段落、写点读后感，这些都不难，难的是坚持阅读。

坚持阅读对孩子今后的学业肯定有百利而无一害。如果时间允许的话，我觉得中国四大名著是需要精读的。

总之，阅读要视孩子的具体情况而定。愿意阅读的孩子，可以泛读，可以涉猎不同学科。不太喜欢看书的孩子，家长可以带着他一起精读几本他喜欢的书，帮他培养阅读兴趣。遇到孩子喜欢读的书，可以由着孩子去精读，家长不要不耐烦。遇到孩子不喜欢读的书，可以先放一放，等他喜欢的时候再读。

其实，对于小学生来说，不管是泛读还是精读，只要他们在一定的时间内连续地、认真地去读了，收获都是非凡的。

让孩子的童年亮晶晶

我一直在构思一本讲我们那代人童年生活的小说。回想起我们的童年，不是上树摘果，就是下河摸鱼；不是去大山深处采摘野花，就是互相串门，在同学家玩到很晚……

再看现在的孩子的童年，也许是父母期望值过高，也许是国际开放程度比较高，中国的孩子除了要学中国的文化，还要学习西方的文化和艺术。他们的童年充满竞争，填满了各种才艺、文化课培训，孩子们的时间被占用、空间被挤压、天性被压抑。孩子童年的自由在哪里？童年的快乐在何方？

童年，我该给女儿留下什么呢？在我内心深处一直有一个声音：

要让孩子的童年亮晶晶的!

虽然女儿刚满十岁，但是，我已经带她爬过很多山了。两岁生日那天我们带她爬了北京的香山，三岁多爬了丰台的千灵山，四岁多爬了平谷的丫髻山，五岁多爬了河北的白石山，六岁多爬过湖南张家界的天门山，七岁爬的是山东的泰山，八岁多我们又一起登上了安徽的黄山，九岁时我们去爬过天津的盘山，九岁半我又带她爬了湖南长沙的岳麓山。

记得我们爬泰山的时候在下大雨，但女儿和好朋友都身背自己的行李包，不喊累不叫苦，一路快快乐乐地随我们爬到山顶。第二天三点多又跟着大人一起去看泰山日出。爬黄山时正逢大雪未化，山路又湿又滑而且陡峭，山上气温极低，女儿在我们的鼓励下居然自己爬上了黄山之巅。她也充分体会到了什么是不惧怕困难、坚持到底就会迎来胜利的曙光的道理。

我们在女儿五岁后就坚持每年冬天带她去滑雪，到现在她已经能上高级滑道了，并且在滑雪场上她经常主动去帮助其他陌生的小朋友。尤其是最近几年，我和她爸爸都学会了滑雪，随时能充当孩子的同伴，在北京的各个滑雪场上都留下了孩子银铃般的笑声。

假期除了带孩子游览祖国的大好河山，我还和其他妈妈一起带孩子去国外自由行。在自由行的过程中女儿接触到了泰国、意大利、日本、新西兰等国的人和物，体验到了地域、文化之间的差异，学会了理解、接纳、包容他人。

每年寒暑假，我都会带孩子去农村体验生活。冬天去河北看奶奶，天寒地冻的，农村条件也不好，但孩子不嫌苦、不喊冷，乐乐呵呵地与亲戚家的小孩儿玩，有时候还和奶奶一起包饺子。夏天的时候，我会带女儿去炎热的湖南，让孩子感受农村似火的骄阳，难耐的酷暑。有时候也让孩子参加简单的劳动，或摘菜或拔草，主要是让她知道粮食来之不易。女儿有时候帮外婆喂小猫、小狗、鸡，有时候陪100多岁的老外婆聊天，给老人家唱戏曲。

在女儿童年短暂的时光里，我能做的就是尽量丰富孩子的经历，让孩子今后无论哪个阶段谈起童年，她都是自豪的，因为有那么多的精彩和欢乐！

每个孩子只有一次童年，家长或许应该给他们留下一些不一样的体验，留下更多的欢乐。他们的童年不应该只有钢琴、围棋、跆拳道，只有奥数、英语、文言文培训班等。

童年应该有些亮晶晶的东西，就像沙滩上的贝壳，你怎么捡也捡不完。请让孩子的童年多些色彩，让他们将来有可以回忆的温馨和美好！

附 1　女儿阅读的 1000 本书

《不一样的卡梅拉》（47 册），二十一世纪出版社

《贝贝熊系列丛书》（86 册），新疆青少年出版社

《青蛙弗洛格的成长故事》（26 册），湖南少年儿童出版社

《彼得兔的故事》（20 册），江西高校出版社

《小牛顿科学馆》（90 册），贵州教育出版社

《写给儿童的中国历史》（14 册），新世界出版社

《写给儿童的世界历史》（16 册），贵州教育出版社

《写给儿童的中国地理》（14 册），新世界出版社

《最美的法布尔昆虫记》（12 册），新星出版社

《小兔汤姆系列》（30 册），海燕出版社

《小木屋系列》（9 册），安徽教育出版社

《窗边的小豆豆》（6 册），南海出版公司

《故宫里的大怪兽》（9 册），中国大百科全书出版社

《荒野求生系列》（13 册），接力出版社

《丁丁当当系列》(7册),中国少年儿童出版社

《草房子》(1册),人民文学出版社

《绝地求生少年闯关系列》(4册),电子工业出版社

《神奇校车》(20册),贵州人民出版社

《奇先生妙小姐》(83册),人民邮电出版社

《这就是二十四节气》(4册),海豚出版社

《我家门外的自然课》(3册),中信出版社

《小北极熊系列》(9册),接力出版社

《可怕的科学》(6册),北京少年儿童出版社

《影响孩子一生的世界名著》(20册),光明出版社

《飘》(2册),译林出版社

《假如给我三天光明》(1册),译林出版社

《八十天环游地球》(1册),译林出版社

《百变马丁》(13册),中国少年儿童出版社

《托马斯和朋友》(23册),人民邮电出版社

《环球国家地理百科全书》(10册),北京联合出版公司

《亲亲科学图书馆》(40册),安徽教育出版社

《大中华寻宝记》(20册),二十一世纪出版社

《神奇树屋》(8册),浙江教育出版社

《生命的故事》(30册),安徽教育出版社

《小猪唏哩呼噜》（5 册），春风文艺出版社

《爱的教育》（1 册），译林出版社

《好玩的数学绘本》（30 册），化学工业出版社

《经济好好玩套装》（39 册），东方出版社

《中国国家地理百科全书》（10 册），北京联合出版公司

《写给儿童的名人故事》（25 册），团结出版社

《丰子恺儿童文学全集》（7 册），海豚出版社

《绕着地球跑一圈》（18 册），化学工业出版社

《纳尼亚传奇》（7 册），译林出版社

《奇趣大自然》（13 册），国家开放大学出版社

《小屁孩日记》（22 册），新世纪出版社

《动物小说大王沈石溪》（35 册），浙江少年儿童出版社

《福尔摩斯探案全集》（8 册），天津人民美术出版社

《斯凯瑞金色童书》（19 册），贵州人民出版社

《漫画上下五千年》（12 册），北京理工大学出版社

《中国少年儿童百科全书》（4 册），浙江教育出版社

《红楼梦》（2 册），人民文学出版社

《西游记》（2 册），人民文学出版社

《百年童话绘本典藏版》（30 册），北京联合出版公司

《可爱的鼠小弟》（22 册），南海出版公司

附 2 女儿精读的 50 首古诗

浪 淘 沙

（唐）刘禹锡

莫道谗言如浪深，莫言迁客似沙沉。
千淘万漉虽辛苦，吹尽狂沙始到金。

竹 石

（清）郑燮

咬定青山不放松，立根原在破岩中。
千磨万击还坚劲，任尔东西南北风。

风

（唐）李峤

解落三秋叶，能开二月花。
过江千尺浪，入竹万竿斜。

照镜见白发

（唐）张九龄

宿昔青云志，蹉跎白发年。

谁知明镜里，形影自相怜。

宿建德江

（唐）孟浩然

移舟泊烟渚，日暮客愁新。

野旷天低树，江清月近人。

芙蓉楼送辛渐

（唐）王昌龄

寒雨连江夜入吴，平明送客楚山孤。

洛阳亲友如相问，一片冰心在玉壶。

九月九日忆山东兄弟

（唐）王维

独在异乡为异客，每逢佳节倍思亲。

遥知兄弟登高处，遍插茱萸少一人。

鸟　鸣　涧

（唐）王维

人闲桂花落，夜静春山空。

月出惊山鸟，时鸣春涧中。

杂　诗

（唐）王维

君自故乡来，应知故乡事。
来日绮窗前，寒梅著花未？

峨眉山月歌

（唐）李白

峨眉山月半轮秋，影入平羌江水流。
夜发清溪向三峡，思君不见下渝州。

望天门山

（唐）李白

天门中断楚江开，碧水东流至此回。
两岸青山相对出，孤帆一片日边来。

别　董　大

（唐）高适

千里黄云白日曛，北风吹雁雪纷纷。
莫愁前路无知己，天下谁人不识君？

逢雪宿芙蓉山主人

（唐）刘长卿

日暮苍山远，天寒白屋贫。
柴门闻犬吠，风雪夜归人。

江畔独步寻花

（唐）杜甫

黄四娘家花满蹊，千朵万朵压枝低。

留连戏蝶时时舞，自在娇莺恰恰啼。

赠　花　卿

（唐）杜甫

锦城丝管日纷纷，半入江风半入云。

此曲只应天上有，人间能得几回闻？

小儿垂钓

（唐）胡令能

蓬头稚子学垂纶，侧坐莓苔草映身。

路人借问遥招手，怕得鱼惊不应人。

兰溪棹歌

（唐）戴叔伦

凉月如眉挂柳湾，越中山色镜中看。

兰溪三日桃花雨，半夜鲤鱼来上滩。

滁州西涧

（唐）韦应物

独怜幽草涧边生，上有黄鹂深树鸣。

春潮带雨晚来急，野渡无人舟自横。

题都城南庄

（唐）崔护

去年今日此门中，人面桃花相映红。
人面不知何处去，桃花依旧笑春风。

早春呈水部张十八员外

（唐）韩愈

天街小雨润如酥，草色遥看近却无。
最是一年春好处，绝胜烟柳满皇都。

乌 衣 巷

（唐）刘禹锡

朱雀桥边野草花，乌衣巷口夕阳斜。
旧时王谢堂前燕，飞入寻常百姓家。

池 上

（唐）白居易

小娃撑小艇，偷采白莲回。
不解藏踪迹，浮萍一道开。

暮 江 吟

（唐）白居易

一道残阳铺水中，半江瑟瑟半江红。
可怜九月初三夜，露似珍珠月似弓。

剑　　客

（唐）贾岛

十年磨一剑，霜刃未曾试。

今日把示君，谁有不平事？

南　　园

（唐）李贺

男儿何不带吴钩，收取关山五十州。

请君暂上凌烟阁，若个书生万户侯。

泊　秦　淮

（唐）杜牧

烟笼寒水月笼沙，夜泊秦淮近酒家。

商女不知亡国恨，隔江犹唱后庭花。

赤　　壁

（唐）杜牧

折戟沉沙铁未销，自将磨洗认前朝。

东风不与周郎便，铜雀春深锁二乔。

过华清宫

（唐）杜牧

长安回望绣成堆，山顶千门次第开。

一骑红尘妃子笑，无人知是荔枝来。

夜雨寄北

（唐）李商隐

君问归期未有期，巴山夜雨涨秋池。
何当共剪西窗烛，却话巴山夜雨时。

村　居

（清）高鼎

草长莺飞二月天，拂堤杨柳醉春烟。
儿童散学归来早，忙趁东风放纸鸢。

金 缕 衣

（唐）佚名

劝君莫惜金缕衣，劝君惜取少年时。
有花堪折直须折，莫待无花空折枝。

夏日田园杂兴

（宋）范成大

昼出耘田夜绩麻，村庄儿女各当家。
童孙未解供耕织，也傍桑阴学种瓜。

春　日

（宋）朱熹

胜日寻芳泗水滨，无边光景一时新。
等闲识得东风面，万紫千红总是春。

寻菊花潭主人不遇

（唐）孟浩然

行至菊花潭，村西日已斜。
主人登高去，鸡犬空在家。

劝　学

（唐）颜真卿

三更灯火五更鸡，正是男儿读书时。
黑发不知勤学早，白首方悔读书迟。

饮湖上初晴后雨

（宋）苏轼

水光潋滟晴方好，山色空蒙雨亦奇。
欲把西湖比西子，淡妆浓抹总相宜。

望湖楼醉书

（宋）苏轼

黑云翻墨未遮山，白雨跳珠乱入船。
卷地风来忽吹散，望湖楼下水如天。

泊船瓜洲

（宋）王安石

京口瓜洲一水间，钟山只隔数重山。
春风又绿江南岸，明月何时照我还。

元　日

（宋）王安石

爆竹声中一岁除，春风送暖入屠苏。
千门万户曈曈日，总把新桃换旧符。

示　儿

（宋）陆游

死去元知万事空，但悲不见九州同。
王师北定中原日，家祭无忘告乃翁。

游山西村

（宋）陆游

莫笑农家腊酒浑，丰年留客足鸡豚。
山重水复疑无路，柳暗花明又一村。
箫鼓追随春社近，衣冠简朴古风存。
从今若许闲乘月，拄杖无时夜叩门。

饮　酒

（东晋）陶渊明

结庐在人境，而无车马喧。
问君何能尔？心远地自偏。
采菊东篱下，悠然见南山。
山气日夕佳，飞鸟相与还。
此中有真意，欲辨已忘言。

敕勒川

北朝民歌

敕勒川，阴山下。

天似穹庐，笼盖四野。

天苍苍，野茫茫，风吹草低见牛羊。

题临安邸

（宋）林升

山外青山楼外楼，西湖歌舞几时休？

暖风熏得游人醉，直把杭州作汴州。

江上渔者

（宋）范仲淹

江上往来人，但爱鲈鱼美。

君看一叶舟，出没风波里。

石灰吟

（明）于谦

千锤万凿出深山，烈火焚烧若等闲。

粉骨碎身浑不怕，要留清白在人间。

渔歌子

（唐）张志和

西塞山前白鹭飞，桃花流水鳜鱼肥。

青箬笠，绿蓑衣，斜风细雨不须归。

从 军 行

（唐）王昌龄

青海长云暗雪山，孤城遥望玉门关。

黄沙百战穿金甲，不破楼兰终不还。

忆 江 南

（唐）白居易

江南好，风景旧曾谙，日出江花红胜火，

春来江水绿如蓝，能不忆江南？